다시는 만날 수 없는

아침도 있단다

김재진 글

다시는 만날 수 없는 아침도 있단다

수오서재

빛나라,

당신이 원래 그랬던 것처럼

책을 내며

  깊은 갈망은 강요와 비슷해서 어쩌지 못하도록 사람을 묶어놓는 힘이 있다. 책을 쓰다 보면 무슨 갈망이 나를 여기까지 몰고 왔을까? 하는 의문이 들 때가 있다. 어떤 강요가 나를 여기까지 오도록 했을까? 상처 또한 마찬가지라 어쩌지 못하도록 사람을 묶어놓는 힘이 있다.

  어떤 이는 자신의 상처를 통해 타인의 아픔을 이해하고 그를 감싸안는다. 또 어떤 이는 앙갚음하듯 자신의 상처를 세상을 향해 되돌려주고 싶어 한다. 전자는 상처를 통해 뭔가를 배우고, 후자는 상처를 통해 또 다른 상처를 끌어들이고 덧낸다.

  책을 쓰는 일은 아마도 전자와 비슷해서 상처받은 누군가에게 공감과 위로를 주는 일일 것 같다. 깊은 갈망으로 쓴 나의 문장이 읽어가는 독자의 마음을 따뜻하게 비추는 빛이 되면 좋겠다.

차 례

책을 내며 7

1 장

진주 16

곧 불어올 계절의 바람 19

더 늦기 전에 23

우리는 왜 꼭 지나고 나서 후회할까? 25

끝 29

테라로사에 앉아 31

여우가 보고 싶다 35

기타여, 네가 말해다오 41

꿈을 꾸었다고 말하고 싶어 47

그때는 왜 몰랐을까? 51

시인의 별 56

우리는 통과객일 뿐 60

군자란 64

여름에 보낸 편지 66

마지막 대화 70

하늘나라 76

패배의 증거 77

인생 82

비록 83

왕릉 가는 길 86

이 별에 다시 오면 92

2 장

가을의 완성　100

기차 소리가 들렸어　104

코끼리의 좌절　105

어떤 별똥별　113

에고와 신기루　114

원수의 이름 기억하듯　118

말벌에 대한 명상　121

세상의 알레르기　126

상사화 질 무렵　129

천국에서 온 편지 133

천사 137

다시 살아 볼 수 있다면 138

백조의 노래 142

은발 147

별이 빛나는 밤 150

가을과 겨울 사이 154

우리 살던 옛집에 158

아다지오 칸타빌레 160

누구보나 당신을 사랑합니다 165

3장

소유의 언어와 존재의 언어 172

첫눈과 옛 생각 178

새들의 저녁 식사 185

망각 188

옛 친구 193

내 안의 실크로드 195

가위눌림 201

푸른 코끼리 206

형용사의 저녁 208

만월의 꿈 211

내 앞의 생이 끝나갈 때 217

벼랑의 노래 221

울컥 223

비어 있는 방 228

그냥 229

꽃의 배경 235

끝과 시작 240

이별을 향해 244

풍금 245

책 끝에 드리는 글 251

1 장

진주

세월에 가속도가 붙는다는 말은 사실인 것 같다.
나는 지금 시속 몇 킬로의 속도로 죽음을 향해 가고 있을까?

진주 한 알을 만들기 위해 진주조개는 10여 년의 시간 동안 몸속의 이물질을 견디어낸다.
내가 견뎌온 시간은 대체 몇 알의 진주를 만들 만큼 가치 있는 것일까?
어쩌면 견딘 것이 아니라 그냥 흘러온 것인지도 모르겠다.
진주가 고귀한 것은 그것이 단순히 흘러가는 세월에 의해 형성된 것이 아니라 상처를 통해 만들어졌기 때문이다. 그 많은 상처로부터 한 알의 진주도 만들어내지 못한 인생이란 무슨 가치가 있는 것일까?

고통을 치유하는 능력을 가진 영적 치유가도 깊이 상처를 받은 경험이 있는 경우 더 큰 능력을 얻는다고 한다. 장미 역시 깜깜한 새벽에 진한 향기를 내며, 슬픔을 이긴 사람들이 슬픔에 빠진 타인을 돕는다.

장자는 진실로 큰 그릇은 채우지 않아도 넉넉하다고 했다. 천하가 그 그릇에 담겨 있으니 채울 것도 비울 것도 없다는 말이지만, 큰 그릇이 아닌 대다수의 우리는 상처로부터 한 알의 진주도 만들어내지 못하고 살아갈 뿐이다.

뭔가에 최선을 다해야 하는 이유는 지켜보는 누군가를 감동시키기 위해서가 아니라 최선을 다할 때만이 자신을 만족시킬 수 있기 때문이다.

삶이란 뭔가를 해야 할 때가 있고, 기다려야 할 때가 있다. 지금 눈부시게 반짝거리며 뭔가를 이루어내지 못한다고 하더라도 자신을 너무 나무라진 말자. 하고한 날 먼 산만 바라보며 몽상에 빠져 세월을 보낸다고 해서 뭐 하는 짓이냐며 스스로를 너무 다그치진 말자.

삶에는 뭔가를 결정해야 할 때가 있고, 포기해야 할 때가 있다. 결정은 신중해야 하고 포기는 빠를수록 좋다. 물론 포기는 신중해야 하고 결정은 빠른 것이 좋을 수도 있다.

다 옳은 말이기도 하고 그른 말이기도 하다.

삶에 어떤 원칙이 있다고 생각하지만, 각자의 진실이 다르듯 원칙 또한 사람마다 다르다. 잡초 우거진 바닥도 자꾸 걷다 보면 길이 되듯, 원칙 또한 잘 닦여 뻥 뚫린 탄탄대로만 있는 것은 아니다.

지금 어둠 속에 있다고 느끼는 사람은 밝은 빛을 향해 나아가려 애써야 한다. 지금 자신이 밝은 곳에 있다고 느끼는 사람은 그 밝은 빛을 세상에 두루 나누기 위해 힘쓰는 게 좋겠다. 마음의 에너지는 빛보다 빠르다고 하는데, 누구보다 먼저 나 자신을 떠올려 환하고 신선한 에너지를 보내야 한다.

바람이 분다. 시속 몇 킬로로 달려가든지 나는 여전히 세상 속에 있다.

곧 불어올 계절의 바람

여덟 시에 지던 해가 일곱 시에 진다. 저녁 밥상 물린 뒤에도 남아 있던 해가 숟가락 들기도 전에 뉘엿거리며 고개를 숙인다.

질까 말까 고민하는 해를 보며 울란바토르에서 듣던 마두금馬頭琴 소리를 떠올린다. 여름철엔 아홉 시 넘도록 해가 지지 않아 백야 같던 그곳에서 소리는 초원을 달리는 말발굽처럼 내 가슴을 치고 갔다.

백야가 아니라 박명薄明 현상이라는 그곳의 하얀 밤이 그리워질 때가 있다. 마두금을 켜며 허미를 부르던 몽골 사내를 처음 본 날, 소리에 반해 가게에 있는 CD를 닥치는 대로 샀다. 저음과 고음을 동시에 내는 독특한 창법이 나를 사로잡은 것이다.

자동차 사이드미러에 비친 여름 황혼이 초원을 물들이

던 그 빛깔 그대로 내려온다.

 황혼은 어디서나 같은 빛깔이지만 일몰은 서로 시간이 달라 어디서 어디까지가 저녁인지 알 수가 없다.

 죽음의 시간이 가까워진다는 뜻인지 황혼과 일몰에 대해 생각이 깊어진다. 나이를 먹으면 젊은 시절엔 몰랐던 것을 다시 알게 되는 것이 있다. 깨달음이나 헤어짐 같은 것이다. 무심했던 것들로부터 깨달음을 얻고, 웬만한 헤어짐은 받아들이게 된다. 미처 이해하지 못했던 일들이 이해될 때가 있고, 외면하며 지나쳤던 것들이 저마다의 목소리로 나를 불러 그 자리에 세워놓기도 한다. 어떻게 살아야 할까? 라는 고민보다 어떻게 떠나야 할까? 하는 고민이 더 커지고 있다.

 봄에는 매화나무가 꽃을 피우고, 이어서 찔레가 상큼한 향기를 코끝에 선물했다. 이맘때면 꼭 피는 상사화는 향기가 없다. 꽃과 잎이 서로 만나지 못해 따로 피는 그들에게 향기가 없는 것은 어쩌면 당연한 일이다. 떨어질 때 난초는 그야말로 단아한 그 모습 그대로, 기품 있는 그대로 떨어져서 감탄을 자아낸다. 인간도 저렇게 품위 있는 마지막을 맞이할 순 없을까? 유감이지만, 인간의 마지막은 대체로 기품 있어 보이진 않는다. 웰빙도 중요하지만 어떻게 해야 웰다잉을 할 수 있을지 향기를 머금고 사는 난초에게 묻고 싶다.

'버들은 푸르고 꽃은 붉다'고 노래했던 이규 선사의 게송偈頌은 '산은 산이고 물은 물이다'라는 법어와 닮은 꼴이다.

그래, 산이 산이라면, 삶은 삶이고 죽음은 죽음이지. 덧붙여 거기에 토를 다는 것이 분별이지. 이렇다 저렇다 분별하는 분별심이 마음을 번뇌에 빠트린다. 선사는 '놀라워라 법의 연꽃, 숱한 세월 흘러도 변함없는 그 빛깔./ 초승달 차고, 이울고, 흔적도 없어지고 그래도 다시 뜨는 밝은 달./ 보면, 언제나 있는 그대로 버들은 푸르고 꽃은 붉다.'라고 노래했다.

덧없는 세상을 덧없다고 말하면서도 마음은 끊임없이 덧없는 것을 따라 헤매는데 몽골에서 가져온 마두금 소리가 초원의 기억을 일으켜 세운다. 마두금은 울고, 마음은 숨어 있는 가을을 찾아 들판으로 나간다. 들판엔 무엇이 있나? 들판에는 곧 불어올 가을바람. 몽골의 낮은 산비탈에 피고 있던 두메양귀비가 그 작은 얼굴 일으켜 내게 말한다. 알고 있냐고? 오늘이 입추라고.

* 허미khoomii, 흐미는 한 사람이 두 가지 이상의 소리를 동시에 내는 몽골의 전통 창법. 성대와 혀, 입술을 한꺼번에 사용하는 창법으로 유목문화의 산물이다. 유네스코 인류무형문화유산.
* 이규一休: 일본의 선승. 스물일곱 되던 해 까마귀 소리를 듣고 깨달았다고 한다. 앞에 나온 이규 선사의 게송은 오쇼 라즈니쉬가 강의한 《법의 연꽃》(이경옥 옮김. 태일출판사)에서 발췌.

더 늦기 전에

더 늦기 전에 사진 하나 찍어둬야겠다.
어머니 가신 지 많은 세월 지났지만
더 늦기 전에 아이들에게
할머니 이름을 가르쳐줘야겠다.
너희들을 얼마나 사랑했는지
엄마도, 할머니도 이름이 있다는 사실을
더 늦기 전에 알려줘야겠다.
더 늦기 전에 어릴 적 살던 집을 찾아
그 집 기둥에 금 그어둔
키 자란 흔적이 남아 있는지 확인해야겠다.
더 늦기 전에
정말 하고 싶었지만 하지 못했던 일을 하고
더 늦기 전에 쑥스러워 말 못 했던
사랑한다는 한마디를

사랑하는 사람들께 들려줘야겠다.

더 늦기 전에 용서 못 한 사람을 용서하고

더 늦기 전에 읽다가 접어둔 책을 마저 읽어야겠다.

바람이 불면 바람이 분다고

꽃이 피면 꽃이 핀다고

울먹이듯 전화하던 옛 친구 무덤을

더 늦기 전에 꽃 들고 찾아가 봐야겠다.

우리는 왜 꼭 지나고 나서 후회할까?

'지나고 나서 생각하니 내가 잘못했어.'라고 문자가 왔다. 나는 그가 내게 뭘 잘못한 것인지 기억에 없다. 기억에 없다는 것은 마음에 없다는 것이다. 그가 잘못했다는 그 일로 인해 내가 상처받은 것이 없다는 말이다.

그렇다면 그에게 잘못이 없다는 말인가? 그건 아닐 것이다. 상대가 상처받지 않았다고 덩달아 그의 정당성이 보장되는 것은 아니다. 누군가 내게 저지른 잘못은 내가 상처받지 않는 한 그들의 것이지 내 것이 아니라는 말일 뿐 잘못이 없다는 것은 아니다. 누군가 내게 꽂은 말言의 화살 또한 내가 반응하지 않는 한 그들의 구설口舌일 뿐 내 아픔이 아니다. 사과하는 문자를 보내기까지 그는 아마 양심에 걸리거나 스스로 고통받았을 것이다. 지나고 나서 잘못했다고 말하지만 같은 강물에 두 번 손 담글 수 없듯 지나버린 과거는 씻을 수가 없다.

그러나 다친 것이 없는데 상처가 어디 있나? 알고 보면 그의 사과는 받을 수 있는 것이 아니다. 상처받은 일이 없는데 사과받을 일이 어디 있겠나. 상처를 받는다는 것은 일정 부분 내 의식이 그가 공격하는 나의 약점을 스스로 인정하고 받아들인다는 말이다. 그가 공격하는 나의 약점이 내겐 아무것도 아니라면 건드리고 자극해도 무슨 반응이 있겠나. 설령 그것이 수모라고 해도 자존감 강한 사람에게 수모나 멸시는 통하지 않는다. 던진 달걀이 바위의 표면을 더럽힐 순 있지만 비가 오면 씻겨 내려갈 뿐 바위는 끄떡도 안 한다. 수모와 자존감은 서로 그런 관계다.

그러나 어떤 식의 상처건 상처는 아픔을 가져온다. 나빠서 아픈 것이 아니라 아파서 나쁜 것이 상처다. 아픈 만큼 성숙해진다는 해묵은 말은 아픔을 고도로 미화시켜 놓았지만 아픔이 성장의 열쇠가 된다는 것이 꼭 틀린 말은 아니다. 아픈 만큼 성숙해지기도 하지만 우리는 아픈 만큼 잊지 않고 기억도 한다. 더 크게 아프면 더 오래 기억한다. 그러나 더 많이 아프다고 더 많이 성장하는 것은 아니다.

아픔은 언제나 기약 없이 찾아온다. 잔치에 손님을 초대하듯 그들을 초대할 이는 어디에도 없다. 그들은 언제나 불청객이다. 그러나 아픔만 불청객인 것은 아니다. 예고 없이 찾아오는 그 모든 것들은 시간 약속을 하고 오는 손님이 아니다. 미국에 선禪을 전파했던 스즈키 순류 선사는 '깨달음과는 시간 약속을 할 수 없다'는 말을 남겼다. 선사의 그 말은 깨달음에 한정된 것이지만, 고통이나 갈등 또한 시간 약속을 하고 오지 않는다. 인생은 후회한다고 해서 갔던 것이 다시 오고, 사과한다고 해서 어제의 적이 금세 친구가 되지 않는다. 피하고 싶어도 제 맘대로 오는 아픔처럼, 약속도 없이 오는 깨달음처럼 인생은 올 때가 되면 오고, 갈 때가 되면 갈 뿐이다. 그것을 우리는 '시절 인연'이라 부른다. 시절 인연을 기다릴 뿐 깨달음과도, 아픔과도 또 다른 그 무엇과도 시간 약속을 할 수는 없는 것이다.

모든 것은 그렇게 한 번 가면 다시 오지 않는데 왜 지나고 나서야 우리는 잘못을 깨닫고, 왜 지나고 나서야 안 보이던 것이 다시 보이게 되는 걸까? 있을 땐 무심하고, 가버린 뒤 왜 아쉬워하는 걸까?

어찌 보면 후회 없는 삶이란 있을 수 없다. 눈앞에 죽음이 오는 순간 '완벽한 삶'을 살았다고 말할 수 있는 사람이 얼마나 되겠는가. 그러나 그 말이 후회하지 않기 위해 할 수 있는 일이 아무것도 없다는 말은 아니다. 부화뇌동하지 말자. 남들이 사는 대로 따라가는 것만이 최선이라 믿지는 말자. 인생은 결코 다수결이 아니다. 많은 사람들이 좋다고 해서 내게도 최선인 것만은 아니다. 대다수가 가장 아름다운 꽃은 장미라고 찬사를 보낸다고 해서 수선화나 동백의 아름다움이 장미보다 못하다고 할 수 없듯 생의 모든 것이 다수결로 결정되는 것은 아니다.

사회가 만들어놓은 관습적인 가치에 매여 살지 말고 눈뜨고 있지만 눈감은 듯 살지 말자. 잠들지 말고 깨어 있는 의지로 살자. 깨어 있는 의지로 산다는 것은 세상에 끌려가는 삶이 아니라 내가 주인이 되어 결정하고, 그 결정에 책임지는 삶이다. 책임지기 위해 매사에 최선을 다하는 삶이다. 어딘가에 걸려 넘어진다고 해도 최선을 다한 삶은 후회가 없다.

끝

이렇게 가다가 끝나는 거란다.
터널은 깊어도 언제나 끝이 있지.
그 끝은 새로운 시작과 닿아 있지만
어떤 끝은 시작이 없어
다시는 만날 수 없는 아침도 있단다.
살아오면서 맞이했던 그 많은 아침마다
해가 떠오르고
어디서 자고 나오는지 새들은
세수 한 번 안 하고도 맑은 소리로
창공에 이슬을 뿌려놓지만
산다는 것은 그런 거란다.
오래 터널을 지나거나
죽은 척 굴욕을 견디거나
일어나 항복한 사람처럼 두 손 들어도

또 해가 떠오르고

알 수 없는 끝을 안고 걸어가는 거란다.

테라로사에 앉아

켜지 않던 등을 환하게 밝힌 채 앉아 있고 싶은 날이 있다. 오래 머물지 않을 손님인 양 찾아왔던 가을이 접어둔 책장을 넘기듯 말 걸어오는 저녁도 있다.

반짝이는 물결 위로 황혼이 페인트칠을 시작하고, 윤슬에 눈이 부신 운길산의 미간이 은박지 구겨지듯 주름 잡힌다. 일몰 직전 강물의 색은 잠깐 크림슨^{crimson}이 된다. 깍지벌레에서 추출된 염료로 만들어진 크림슨은 어둡고 진한 붉은색을 가리키는 단어이지만, 어둠이 내려 검붉어진 수면을 응시하는 사람들 어깨 위에도 유화 물감 번지듯 깍지벌레가 내려온다.

흐르며 떠내려가는 강은 멀리 은사시나무 뿌리를 적시며 휘어질 것이다. 삶의 모든 시간들도 흐르다가 휘어질 것이다. 휘어지는 것이 어디 강뿐이랴. 우리 앞에 놓인 생은 한 번뿐이지만 그 한 번의 기회를 거의 날린 나는 이제 떠내려가는 강물처럼 휘어지고 있다.

《자기 앞의 생》에서 모모는 "생은 누구에게나 주어지는 것은 아니다"라고 말한다. 모모의 입을 빌렸지만 그것은 아마 저자인 에밀 아자르의 말일 것이다. 로맹 가리라는 본명을 두고 그는 왜 에밀 아자르라는 가명을 썼을까?

그에 대한 답은 이미 잘 알려져 있다. 유명세를 얻은 기존의 이름을 뛰어넘어 그는 새로운 세계를 열고자 한 것이다. 로맹 가리라는 이름으로 이미 받았던 상을 그는 에밀 아자르라는 이름으로 다시 받는다. 동일한 인물이 이름을 바꿔 같은 상을 두 번 받은 것이다.

《자기 앞의 생》은 그렇게 탄생한 소설이다. 그러나 그가 받은 콩쿠르상과 달리 아무리 이름을 바꾼다 해도 생은 두 번 주어지지 않는다. 에밀 아자르에게도, 로맹 가리에게도 인생은 한 번뿐. 생이 누구에게나 주어지는 것이 아니라고 한 모모의 말은 집단학살을 지켜본 뒤의 독백이기에 울림이 크지만 우리 앞에 놓인 생은 누구에게나 무상으로 주어진 것이기에 그 울림은 안개인 듯 희미할 때가 많다.

섣불리 생을 행운이라 단정 짓진 말자. 어떤 이에게 생은 죽기보다 더한 고통의 시간이고, 어떤 이에게 생은 통과해야 할 긴 터널 같은 것이다. 왜 그런 불공평한 일이 일어나는가 하는 의문 또한 부질없는 것이다. 태어날 때부터 생은 불공평할 뿐 불공정을 줄이기 위한 노력을 사람들은 '열심히 사는 것'이라 부르며 칭송하고 있다.

 어깨 위로 내려앉던 깍지벌레를 피해 나는 이제 테라로사에 앉아 있다. 커피 향 가득한 공간에 앉아 차 마시는 사람들을 바라보고 있다. 이태리어로 '붉은 흙'이라는 뜻을 가진 테라로사와 어둠이 내려앉아 마침내 크림슨으로 변한 일몰의 붉은 빛을 뒤섞으며 나는 예멘의 항구도시 모카를 상상한다. 한때 커피 무역의 중심지였던 그곳의 거리에선 커피 향이 날 것이다. 세상 모든 도시에는 그곳만의 고유한 문화가 있고, 세상 모든 거리에는 그곳만의 고유한 향이 있다.

 지금 고유한 색깔로 검붉어진 저 강물처럼, 마침내 은사시나무의 뿌리를 적실 그 모든 떠내려가는 것들처럼, 휘어지는 것들에는 커피 향이 난다. 쓸쓸하지만 따뜻한 모카 향이 난다. 생이 그런 것이다. 향이라고 말할 수 있을지 모르겠지만 터널을 지나온 말년의 생에도 향기가 있다. 감싸 쥐면 따뜻한 머그잔처럼 많은 것을 감싸안은 인생에는 향기가 있다.

테라로사 건너편, 강과 대지가 맞닿은 곳엔 그라피티 Graffiti 화가로 유명한 뱅크시의 '풍선을 든 소녀'의 모작이 그려져 있는 또 다른 카페가 있다. 뱅크시는 왜 자신의 모습을 드러내지 않고 숨어버리는 것일까? 그의 신비주의는 그러나 여기저기 스텐실 기법으로 남겨놓은 그의 그라피티 작품들을 세속世俗이라는 수면 위로 떠오르게 만든다. 예술이란 그런 것이다. 신비주의 속으로 스스로를 감춘다 해도 예술은 결국 드러내기 위한 것이다. 이때의 드러냄을 소통이라 부르지만, 고고한 예술이란 고고한 세속인 것이다.

그의 작품을 흉내 낸 모작 아래 앉아 사진을 박던 만추晩秋는 내게 흑백사진처럼 남아 있다. 유유히 흘러가는 북한강의 어둠과 크림슨으로 채색된 운길산의 황혼은 키 큰 어둠이 키 낮은 세상의 그늘을 덮어버릴 때까지 오랫동안 내게 남아 얼룩이 될 것이다.

여우가 보고 싶다

 그 사람 그렇게 보내게 될 줄 몰랐어. 그렇게 갈 줄 알았으면 더 아무 말도 하지 않고 내버려뒀을 건데. 내가 나빴어. 막다른 골목에 몰린 줄도 모르고 내가 그 사람을 몰아붙였어.

 한적한 도로다. 운전 중에 전화는 계속되고, 흐느끼는 소리에 반응하듯 자동차는 속도를 줄여 정차할 곳을 찾는다.

 1킬로미터 앞 여우고개, 당동IC 방면으로 좌회전하세요.

 도대체 여우는 나올 생각도 없는데 내비게이션 속에 숨어 여자는 지시를 거듭한다. 그 옛날 여기 여우가 살았구나.

 여우가 보고 싶다. 지나가는 나그네를 유혹하는 꼬리 아홉 개 달린 여우와 만나고 싶다. 여우가 피우는 재주에 홀려 어지러운 세상을 잊어버리고 싶다. 다 놓고 옛날로 돌아가고 싶다.

여우가 살던 고개를 눈앞에 둔 채 나는 끊어진 통화가 남기고 간 여운을 지우개로 문지르듯 지워버린다.

5백 미터 앞 판문점과 임진각 쪽으로 우회전하세요.

감정도 없는지 여자는 흔들리는 나를 다잡기라도 하듯 제 할 말을 다 한다. 판문점이라니? 경황이 없어 길을 잘못 든 것인가?

차를 세우고 내비에 찍힌 목적지를 다시 확인한다. 허락도 없이 자동차는 이 별이 아닌 다른 행성으로 나를 데려가고 있다.

여우고개를 넘자 불현듯 떠오르는 사람이 있다. 어쩔 수 없이 헤어졌지만 끝내 헤어질 수 없는 사람이 세상엔 있다. 여우가 사라지듯 기억 밖으로 사라져도 남기고 간 글 한 줄을 지울 수 없는 사람이 있다.

'이별이 두려워 사랑하지 않는 사람은 죽음이 두려워 숨 쉬지 않는 것과 같다.'

한 줄의 그 문장이 체로키 인디언의 격언이라는 것을 알게 된 건 훨씬 더 세월이 지난 뒤였다. 그때 나는 뭔가

두려움에 빠져 있었다. 그 두려움이 이별을 재촉했고 여우가 사라지듯 누군가가 눈앞에서 사라졌다. 그러나 언젠가 우린 모두 사라져갈 존재다. 꼬리 감춘 여우처럼 사라져갈 존재다. 사이드 브레이크를 채우고, 미지의 어딘가로 SOS를 보내듯 액정 속 번호 눌러 전화를 한다.

고맙다.

뜬금없이 무슨 소리인가? 느닷없는 한마디에 상대는 뭔 소리냐는 듯 뜨악하다.

갑자기 무슨 말이에요? 뭐가 고맙다는 말인지 도깨비 같네.

그냥 고맙다는 거지. 살아 있어 줘서 고맙다는 거지.

그게 뭐가 고마워. 안 죽고 숨 쉬면 사는 거지.

그게 고맙다는 거야. 숨 쉬어 줘서.

별게 다 고맙네.

그 친구가 죽었어.

정말 뜬금없긴. 죽다니 누구? 그 친구라니 도대체 누가 죽었다는 말이에요?

그런 사람 있어. 내 동창생 남편. 갑자기 사고로 죽었대.

심오하네. 도대체 누군지도 모르는 사람을. 사람이 죽

었다는데 뭐가 고맙다는 말인지…….

뜨악해도 괜찮다. 느닷없는 고마움이라도 미움보다 낫다. 불쑥불쑥 찾아오는 뜬금없는 생각을 다 이해해야 할 이유는 없다.

그러나 감사하는 마음은 다시 감사하는 에너지를 불러와 작고 큰 변화를 삶에서 일으킨다.

살아갈 날이 살아온 날보다 많은 젊은 날엔 모른다. 누군가에 대한 고마움이 자신에 대한 고마움이라는 것을. 누군가에 대한 비난이 알고 보면 자신에 대한 비난이라는 것을.

감사가 정말 삶을 변화시킬 수 있는 힘이 있다면 지금 내 인생도 변화가 필요하다. 황혼의 풍경과 짝을 맞출 변화가 필요하다.

때로 극적인 경험을 불러와 사람들은 변화의 계기를 만든다. '죽음 체험'이라는 것도 그중 하나다. 잠시 생의 집착을 내려놓고, 모든 것이 끝나는 종국의 상황을 불러와 관습과 허위의식에 물든 자신을 되돌아보는 것이 '죽음 체험'이다. 유서를 미리 쓴다거나 자신의 묘비에 새겨질 묘비명을 미리 써보기도 하며 죽음을 인정하고 받아들이는 동안 생각에 변화가 온다.

　죽음을 미리 경험할 수만 있다면 지금의 삶이 얼마나 소중한 것인지 깨닫게 될 것이다. 통화 중 내내 흐느끼던 그녀 또한 그가 그렇게 세상 떠날 줄 알았더라면 상처 될 말을 하지 않았을 것이다. 임사체험을 한 적 있는 지인은 내게 '그날 이후 다르게 살려고 노력한다'고 고백했다.

　다르게 산다는 것은 무엇인가?

　다르게 산다는 것은, 그녀가 그에게 내뱉은 것처럼 상처가 될 말을 하지 않는 것이다. 타인을 다치게 하는 이 기적인 행동을 하지 않는 것이다. 이별이 두려워 사랑을 망설이지 않는 것이다. 다르게 산다는 것은 관성에 의해 움직이던 지금까지의 삶으로부터 떠나 깨어 있는 의지로 사는 것이다.

　살아서 움직이는 과거를 우리는 가슴에 안고 있다. 살아서 기다리는 미래 또한 우리는 가지고 있다. 그러나 지나가고 없는 과거를 놓지 못해 힘들어하거나 오지도 않은 미래에 대한 걱정으로 불안에 빠지는 것은 죽음이 두려워 숨 쉬지 못하는 것과 다를 바 없다.

　여우가 보고 싶어도 여우는 없다. 내비게이션 속에만

존재할 뿐 여우고개도 그때 그 고개가 아니다. 아무리 꼬리가 아홉 개씩 달려 있다 해도 누구의 마음도 홀릴 수가 없다. 오래 살던 추억이 시간 앞에 스러지듯 상처 난 과거는 그만 놓아야 한다.

3백 미터 앞 당동IC로 진입하세요.

전화를 끊고 다시 시동을 걸자 기다렸다는 듯 여자가 말 걸어온다. 감정도 없는 줄 알았는데 그렇지 않다. 여자는 지금 내게 최선을 다하고 있는 것이다. 사랑이란 그런 것 아니겠나. 최선을 다하는 것이 사랑이다. 가야 할 길과 가지 말아야 할 길을 숨기지 않고 말해주는 것이 사랑이다.

여자가 알려주는 당동IC를 나는 늘 딩동IC로 잘못 알아듣는다. 희망을 안고 두드리는 실로폰 소리처럼, 태엽을 감으면 소리 내는 오르겔처럼, 그곳을 지날 때마다 종소리를 듣는다. 딩동! 누르면 마음의 문 활짝 여는 종소리를 듣는다.

기타여, 네가 말해다오

며칠째 비가 내린다. 온종일 오는 비를 보며 러시아 로망스를 들으며 작업한다. 러시아 로망스는 시적인 가사를 가진 러시아 가요다. 음악을 듣기 위해 물감 묻은 손으로 오디오 기기를 만지다 보면 붉거나 푸른 물감이 기기에 흔적을 남긴다. 붓을 쓰지 않고 손가락으로 물감을 칠하다 보니 번번이 손을 닦아야 하지만 그러지 못해 남긴 흔적이다. 인연이 흔적을 남기듯 물감도 흔적을 남긴다.

때로는 앰프를 끄고 유튜브로 음악을 듣기도 한다. 유튜브엔 없는 음악이 없다. 아마도 세상 모든 음악이 다 유튜브 속에 있을 것이다. 러시아 로망스를 들으며 생각한다. 대중음악이건 고전음악이건 잔혹한 독재자가 지배하는 나라의 노래가 어찌 이렇게 처연하고 아름다울 수 있을까?

러시아 로망스뿐 아니다. 라틴 아메리카 음악은 어떤

가. 인생과 사랑을 노래한 러시아 노래에 비해 그들의 음악은 아름답지만 독재에 항거하는 무기와도 같다. 불의한 체제에 저항하는 노래를 쏟아내며 누에바 칸시온 Nueva Cancion(새로운 노래) 운동을 이끌었던 메르세데스 소사 Mercedes Sosa나 비올레타 파라 Violeta Parra, 그리고 그녀의 영향 속에 누에바 칸시온의 대표적인 가수로 일어선 빅토르 하라 Victor Jara 같은 가수들을 보라. 특히 40여 발의 총탄이 몸에 박힌 채 처형당한 빅토르 하라는 독재정권의 하수인들이 고문으로 기타를 못 치게 손을 부러뜨려 놓기도 했다. 그러나 숱한 고문과 탄압을 물리치며 독재에 맞선 그들의 노래는 그 시절 민중의 빛과 안식이었다. 그들의 음악을 들으며 나는 독재 권력에 의해 탄압받는 대중의 슬픈 현실을 한탄하고 탄식한다.

노래는 흐르지만, 비 내리는 명절 연휴는 즐겁지도 행복하지도 않다. 먼 길을 오가야 할 불편함은 그렇다 치자. 갈 곳도, 올 곳도 없는 고독한 이들의 상실감은 명절이면 더 커진다. 명절 같은 건 없어지거나 오지 말았으면 좋겠다는 생각은 나만 하는 것일까? 아픈 이를 간병하다 보면 명절 오는 것이 두렵다. 연휴라서 간병인도, 요양

보호사도 오지 않기 때문이다. 환자야 말할 것도 없지만 그들에게 의지해 간신히 환자 곁을 지키는 보호자 역시 명절 연휴는 길고 우울하다. 추적추적 비까지 오는 날엔 울적함이 커져 그만 다 포기하고 싶은 충동까지 든다.

 연휴 내내 작업을 하는 동안 떠오르는 그 시절의 기억은 희미해진 아픔으로 마음을 적시고 건드린다. 예순 넘어 갑자기 그림을 시작한 것도 그 시절과 연관된다. 온종일 벽만 보고 누워 계시던 어머니가 불쑥 벽 위에 입을 하나 그려달라고 한 것이 계기가 된 것이다. 그때까지 그림을 배워본 적도, 그려본 적도 없었다. 그러나 그 길로 색연필과 파스텔을 구해 나는 입을 그렸다. 고독한 어머니가 원하는 사람의 입이 아니라 짹짹거리는 아기새들의 부리였다.

 어미 새가 물고 온 모이를 받아먹기 위해 입 벌리는 아기새를 보고 즐거워하던 어머니를 떠올리며 그날부터 나는 매일 그림을 그려 병상으로 갔다. 개인전을 열 번쯤 하고 난 지금에 와서 돌이켜보면 그건 세상 떠나기 전 어머니가 마지막으로 내게 주신 선물이라는 생각이 든다. 나도 모르게 숨어 있던 그림에 대한 열망을 어머니가 깨워주고 가신 것이다. 그때 그 기억들은 명절이 되면 어김없이 살아난다. 오지 않는 간병인 대신 환자를 토닥거리고, 흘러간 옛노래를 하모니카로 불면 그 와중에도 장단을 맞추듯 어머니는 약하게 손가락을 까딱거렸다.

어머니 가신 지금, 여전히 그림을 그리고 있는 이유를 생각해보면 나는 이제 나 자신을 위로하기 위해 쓰고, 또 그리는 것 같다. 작업실 벽 빼곡히 작품을 걸어놓고, 밤낮없이 생산한 그 아이들을 바라보며 나는 생을 위로하고 있는 것이다. 긁고, 벗겨내고, 문지르고, 칠한 그것들이 건네오는 침묵의 말을 묵묵히 들으며 나는 나를 위안하는 것이다.

지금 나는 벽 앞에 선 채 그림 하나를 바라보고 있다. 애정하는 색인 '울트라 마린 블루'와 '코발트 바이올렛'을 섞어서 칠한 캔버스엔 지금의 내 나이를 닮은 황혼이 붉게 물들고, 그 황혼을 받고 있는 절벽 위로 한 여자가 말을 탄 채 서 있다. 여자가 바라보는 허공 속으로 거짓말처럼 매달려 있는 기타 하나. 울리지 않지만 기타는 바람이 읊조리는 노래를 나무로 된 몸 깊이 새겨넣는다.

유채로 그린 그 작품에 '기타여, 네가 말해다오'라는

제목을 붙인 것은 또 한 사람, 누에바 칸시온의 전설적인 가수이며 시인이자 소설가이기도 한 아타우알파 유팡키Atahualpa Yupanqui의 노래 때문이다. '긴 밤이 언제 끝나는지 기타여, 네가 말해다오'라는 내용을 가진 이 노래는 아르헨티나 불멸의 가수 메르세데스 소사도 불렀는데, 이때의 긴 밤은 아마 독재체제의 어둠을 의미하는 것이리라. 시 같은 가사와 멜로디가 나를 움직여 그렇게 나는 동명의 노래 제목을 화제畫題로 삼은 작품 하나를 완성한 것이다.

'어제의 부드러운 진실이
오늘은 잔인한 거짓말로 변했네.
비옥했던 땅조차도 모래땅으로 변하네.
긴 밤 지새우며 새벽 여명을 기다리는데
이 밤은 왜 이다지 긴 것인지
기타여, 네가 말해다오.'

창밖으론 여전히 비 내리고, 까닭 모르게 일어나던 슬픔은 시간의 널림 속에 날아가고 있나. 키르케고르는 슬품과 불안을 '자유의 현기증'이라고 불렀다고 한다. 반면 스토아학파 철학자들은 슬픔을 '잘못된 판단에서 비롯된 정념'이라고 해석했다. 둘 다 맞는 말이겠지만 내겐 웃기는 말이기도 하다. 그들이 아무리 대단한 위인이라 한들 매사에 거창한 이론과 해석을 덧붙이는 철학자들을 나는 믿지 않는다. 슬픔이건 괴로움이건 내 앞에 놓인 물리적 현실을 어찌하겠는가. 슬픔이나 고통 앞에서 나는 다만 그것이 싫다고 밀어내는 마음의 저항만을 조절할 수 있을 뿐이다. 저항이 크면 슬픔도 크다.

꿈을 꾸었다고 말하고 싶어

 노트북을 놓아둔 테이블 위엔 바다에 갈 때마다 하나씩 가지고 온 소라 껍데기 몇 개가 놓여 있다. 귀를 대면 먼바다 소리를 들을 수 있는 그것들을 애정해 유화로 그린 그림의 소재로 삼기도 했다. 제주 바다를 좋아해 애월이나 월정리, 동백꽃 만발하는 위미리를 찾아가곤 했다. 수국 피던 종달리를 잊을 수가 없다.

 제주에 가면 빼놓지 않고 만나는 사람이 있다. 천혜향 생산을 그만둔 그는 노지 감귤을 한다더니 요즘은 난산에 있는 펜션 일에 집중하는지 번번이 그 소식을 인스타그램에 올린다. 좋아서 자주 가는 곳이 있다면 거기에 마음 통하는 친구 한 사람쯤 있는 것이 금상첨화錦上添花다. 무심코 쓰지만 금상첨화란 '비단 위에 꽃을 더해 놓는다'는 뜻이니 정확한 뜻을 알고 쓰면 쓰는 입이 더 아름다워진다.

사람을 피해 여행을 가지만, 그렇게 간 곳에서도 그리운 것이 인정人情이다. 비단길을 가면서도 꽃길까지 원하는 이 마음이 소망인지 욕심인지 구별하기 힘들다. 제주에선 논짓물 길 지나 대평리의 박수기정 근처에 자주 묵곤 했다. 지금은 젊은이들의 핫플레이스가 된 것 같지만, 천 길의 그 낭떠러지를 좋아해 박수기정의 황혼이나 일몰을 자주 화폭에 담았다. 군산오름에서 내려다뵈는 박수기정의 황혼은 얼마나 처연하고 황홀한가. 석양에 올라가는 오름 길은 좁고 비탈졌지만 절벽이라는 그 한마디는 또 얼마나 막막하게 앞을 가로막던가.

처연함과 황홀함은 서로 멀리 있지 않으니 모든 아름다움이 소멸과 짝을 이루는 것은 필연必然이라 할 수밖에 없다. 낭떠러지에 서면 뛰어내리고 싶은 충동을 참아야 한다. 낭떠러지라는 그 말, 절벽이라는 그 한마디는 언제나 가슴을 철렁하게 만들지만 생의 절벽 앞에 맨몸으로 서보지 않은 사람이 어디 있겠는가. 절벽이란 저마다 소외와 연결되지만 소외가 모두 추락으로 다다르는 것은 아니다. 가을이면 떨어지는 저 꽃들의 낙화는 결코 추락이 아니다. 꿈을 꾸었다고 말하고 싶을 뿐 젊은 날의 짧

앗던 환희 또한 결코 추락이 아니다. 힘을 다해 개화했던 꽃들의 낙화는 소멸이 아니라 해탈이니 각고의 정진 끝에 찾아오는 대자유처럼 그것은 끈질긴 세속으로부터 홀연 벗어난 각성覺性과 같다.

지나고 나니 다 꿈같지만 내가 앓은 생의 고통 역시 추락이 아니었다. 욕망할 것 다 스러져간 말년의 시간처럼, 떨어지는 가을꽃의 고요한 낙화처럼, 벗어나기 위해 나는 그렇게 절벽을 좋아했던 모양이다.

노트북이 놓여 있는 테이블 옆엔 황혼의 박수기정을 그린 20호짜리 유화가 한 점 걸려 있다. 누군가에게 주기로 했지만 어쩐 일인지 소식 끊긴 그 사람으로부턴 연락이 없다. 무소식이 희소식이라는 말을 흔히 듣지만 때로 무소식은 망각을 부른다. 잊어버려서 좋을 것들은 잊고 사는 것이 좋다. 명석한 기억력은 번뇌가 되어 삶의 길을 어지럽게 만드니 나이 먹으면 웬만한 것은 망각에 맡겨 제 갈 길 가도록 두는 것이 편하다.

그림이 걸려 있는 벽 아래는 '브리티시 사운드'라 불리는 중저가의 영국제 스피커와 오래 쓴 진공관 앰프가 하나 있다. 전원을 끈 뒤에도 소리가 절벽처럼 뚝, 끊기지 않고 은은하게 여운을 남기듯 잔향殘響이 있는 진공관은 마치 오래된 친구같이 마음을 다독인다. 돌이켜보면 세상 모든 것들은 금강경 말씀처럼 번개 같고, 이슬 같아 붙잡을 수 없으니 때로는 이 생을 꿈을 꾸었다고 말하고 싶다.

* 박수기정은 샘물을 뜻하는 '박수'와 절벽을 뜻하는 '기정'이 합쳐져 '바가지로 마실 수 있는 샘물이 솟아나는 절벽'이라는 뜻을 가진 서귀포의 명소.

그때는 왜 몰랐을까?

사막장미를 구하기 위해 월롱月籠까지 달려갔다.

꽃이 핀 사막장미를 찾기 위해 가까운 식물원을 검색하자 월롱이라는 지명이 나온다. 달밤에 잘 어울릴 것 같은 이름이다. 내친김에 지명의 유래까지 찾아보니 우리말 '다락'을 한자로 표기한 이름이라고 되어 있다. 달의 다락이란 말인가? 월롱이라는 이름을 탄생시킨 근거인 월롱산 주변엔 다락고개라는 지명도 있다. 유래에 대한 또 다른 해석은 달과 연관된 것인데, 산 형태가 반달 모양의 바구니를 엎어놓은 것 같다고 해서 그런 이름이 붙었다. 달 월月에 바구니 롱籠, 그것도 재미있는 해석이다. 어쨌건 좋다. 의미도 중요하지만 나는 월롱이라고 발음할 때의 그 둥근 느낌과 입천장에 붙었다가 떨어지는 혀의 움직임이 좋다.

사막장미는 장미와 비슷하다고 해서 그런 이름이 붙었다. 그러나 실제로 보면 장미보다 카네이션을 닮았다. 원산지가 아프리카인 다육식물로 학명은 아데니움 오베숨 adenium obesum이라고 하는데 꽃을 미리 본 뒤 사러 갔던 것은 아니다. 우연히 이름만 듣고 그 이름에 끌려서 보러 간 것이다.

내비게이션에 목적지를 입력하고 그 길로 꽃집으로 향했다. 언젠가부터 마음의 움직임이 생기면 즉시 그것을 실천에 옮긴다. 머뭇거리고 미루고 할 시간이 없다는 생각 때문이다. 남은 시간이 그렇게 많은 것도 아니며 행복이란 지금 이 순간 누려야 하는 것이라 깨달은 것이다.

행복하려면 지금 여기서 행복해야 한다. 과거에 행복했던 일은 지나간 사건일 뿐 다시 쥘 수 있는 것이 아니다. 미래 또한 마찬가지다. 오지 않은 행복은 오다가 어디로 갈지 알 수가 없다. 살다 보면 그때가 행복했던 때였구나, 뒤늦게 깨달을 때가 있다. 그때는 왜 몰랐을까? 지금도 마찬가지다. 지금도 행복인 줄 모르고 그냥 소비하고 있는 것이다.

그렇게 달려가 작업실로 사막장미를 모셔왔다. 분홍빛 테두리에 별을 닮고 싶은 꽃. 크지 않은 이 꽃이 지금 나를 행복하게 만든다. 내 안에 대기하고 있던 행복을 나는 꽃이 핀 화분 하나로 현실 속으로 불러낸 것이다.

사막장미와 함께 키우고 싶은 동물이 있다. 장미가 반려식물이니 이제 반려동물 한 마리도 갖고 싶은 것이다. 사막장미라는 이름을 듣는 순간 떠오른 것이 사막여우였다. 사막여우 또한 키울 수 있는 것이라면 좋겠다. 북아프리카에 사는 사막여우는 사막장미와 고향이 같다. 남달리 귀가 큰 사막여우는 뜨거운 열기를 피하느라 귀가 커졌다고 한다. 큰 귀가 열기로부터 몸을 보호하는 역할을 하는 것이다.

여우 이야기를 하니 식물도 떠오른다. 바오밥 나무다. 그러고 보니 사막장미는 꽃을 떠받들고 있는 둥치가 바오밥 나무를 닮았다. 여우와 바오밥 나무와 장미. 그렇구나. 어린왕자에 나오는 여우도 사막여우 아닌가. 이제 와서 생각하니 어린왕자 생각에 사막장미에 끌렸던 건지도 모르겠다. 아름다운 것들은 그렇게 서로가 서로를 불러오는 것이나.

나의 아틀리에, 내가 그림 그리고, 글을 쓰고, 명상하는 이곳엔 막 들어온 사막장미 외에도 나를 행복하게 하는 소품들이 있다.

그중 하나가 코시차임Koshi Chime이다. 명상을 좋아하는 사람들이 애용하는 코시차임은 프랑스가 원산지다. 절집 처마 끝에 매달린 풍경 같은 용도로 사용되기도 하는 이 종은 프랑스와 스페인의 경계를 이루는 피레네 산맥의 공방에서 제작된다. 천상의 소리라고 불리는 코시차임 소리는 황금비율로 조정된 금속 막대의 흔들림과 부딪침에 의해 만들어진다. 그 맑은 소리가 듣고 싶을 때 나는 선풍기를 켠다. 아마 한 20년은 넘게 썼을 구식 선풍기다. 작업실 긴 의자에 다리 뻗고 누워 선풍기를 틀면 발바닥을 거슬러 이마까지 오는 바람이 코시차임의 막대를 흔들어 소리를 낸다.

영혼을 깨끗하게 씻어놓는 그 소리를 들으며 나는 몇 번씩 행복에 대해 깨닫는다. 이만한 행복이 또 있을까? 그때는 왜 몰랐을까? 왜 살아가는 순간순간, 누군가를 처음 만나는 순간순간, 밤이 지나고 새 아침을 맞이하는 그 순간순간이 행복인 줄 왜 몰랐을까? 꽃과 여우와 바오밥 나무와, 흔들림과 부딪침으로 만들어지는 청아한 음향, 피레네 산맥의 맑은 바람을 내 작은 공간으로 불러오는 소박한 이 행복이 오래가면 좋겠다.

시인의 별

알고 보면 우린 다 다른 별에서 살다 온 거예요.

소녀가 말하자 그가 되묻는다.

그럼 내가 살던 별은 어디일까?

소녀가 들고 있던 단망경으로 남자는 밤하늘을 올려본다.

저 별을 사람들은 시인의 별이라고 불러요. 거기 시인이 살고 있어요.

만년설 덮인 설산 위로 유난히 반짝이는 별 하나가 보인다.

그런데 시인은 저렇게 추운 곳에서 어떻게 사는지 걱정돼요.

한마디 말도 통하지 않아도 소녀와 그는 서로를 알아듣고 교감한다.

그건 아마 설산이 좋아서 그럴 거야. 조금이라도 더 히

말라야 가까운 곳에 살고 싶어서 그런 거지.

한밤에 보는 설산은 은은하고 신비하다.

그런데 아저씨, 낮보다 밤하늘이 더 아름다운 건 왜일까요?

그건 어둠이 많은 것을 감춰주기 때문에 그런 거지.

맞아요. 밤하늘이 아름다운 건 어둠 때문이에요. 어둠이 있기에 별이 빛나는 거예요. 슬픔이 지나야 기쁨이 커지듯 어둠이 깊을수록 별은 더 반짝거려요.

소녀의 머리 위로 별 하나가 내려온다. 소녀는 이제 저 혼자 묻고 저 혼자 대답한다.

지금 이건 별이 아니라 꿈이에요. 꿈꾸는 사람들은 밤에도 깨어 있으니까요.

노래하듯 말하는 소녀의 모국어가 설산을 바라보는 남자의 모국어와 어울려 춤을 춘다.

춤을 영혼의 반짝임이라 부른 이는 누구일까. 춤추듯 말하는 소녀의 모국어가 신기한 듯 남자는 귀 기울여 듣는다.

별에서 왔다면 우린 다시 별로 돌아갈 수도 있는 걸까?

그렇지만 영혼이 맑은 사람만 돌아갈 수 있어요.

영혼이 맑은 사람은 어떤 사람이지?

그건 마음이 따뜻한 사람을 말하는 거예요. 따뜻해야 꽃이 피듯 마음도 온도가 올라가야 하늘과 가까워지니까요.

새벽이 가까워지자 별똥별이 쏟아진다. 설산 위로 떨어진 별은 길게 꼬리를 그으며 사라진다.

떨어지는 별을 줍기 위해 산을 몇 개 넘어갔던 적이 있어요.

그래서 별을 주웠니?

아니요. 떨어진 별은 줍지 못한다는 것을 그때 알았어요. 별은 떨어지는 게 아니라 새롭게 태어나나 봐요. 별이 떨어진 자리엔 꽃들이 피고 있었어요.

소녀의 이야기를 들으며 남자는 세상의 모든 꽃은 밤하늘의 별과 연결되어 있다는 말을 떠올린다. 바람에 별빛이 흔들리면 지상의 꽃도 따라서 흔들린다.

추워요. 새벽 공기가 차가워요.

어깨를 감싸고 있던 담요를 끌어당기며 소녀가 일어선다. 얼굴까지 감싼 소녀는 이제 집으로 돌아가기 위해 천

천히 언덕을 내려간다. 발 아래 피고 있던 작은 꽃들이 어둠 속에서 소녀의 발등을 간지럽힐 듯 움직인다. 하늘에 총총한 별들이 빛을 내며 날아가는 반딧불 같다.

우리는 통과객일 뿐

 희망을 가지고 산다. 희망은 증기기관차다. 언덕 위에 걸려 있는 무지개같이 일곱 가지 색을 가진 꿈이고 소망이다.

 티베트 승려들은 죽고 나서 갖는 몸을 무지개 몸이라고 한다. 고도의 수행 끝에 이르게 된 죽음이 시신을 남기지 않고 빛으로 화化하는 경지를 그들은 잘루ja'lus, 즉 무지개 몸이라고 부른다. 수행승의 희망이 그것이다. 무지개 몸을 이루기 위해 그들은 목숨을 내어놓고 정진하는 것이다. 희망은 때로 그렇듯 무모하고 가혹하다.

 그런데 무지개가 된 몸은 어디로 가나? 산 위에 걸려 있던 그 빛깔 그대로 알 수 없는 허공 속으로 사라지고 마는 건가? 숨 가쁘게 언덕을 오르던 증기기관차처럼 무지개 또한 사라지고 나면 보이지를 않는다. 인간의 한 생 또한 마찬가지라 사라지면 보이지 않는다. 우리는 그저 여기를 통과해서 그 어딘가로 가는 통과객일 뿐이다. 역사 속을 통과하는 우리는 다 여행자일 뿐 발해에서 신라로 가고, 신라에서 다시 고려로 간 오래된 역사의 통과객이다. 모든 것은 지나간다. 여기를 통과해서 거기로 가고, 거기를 통과해서 또 어딘가로 간다. 무지개인들 다를 바 있겠나. 치열한 정진 끝에 얻은 무지개 몸 역시 광활한 우주의 한 부분일 뿐 끝없는 순환 속에 편입되고 소멸된다.

무지개 몸을 내게 알려준 이는 초뻬라는 이름의 티베트인이다. 망명정부의 허울뿐인 대사였던 그는 자신의 아들도 환생자로 공인되어 라마승이 되었다고 했다. 서울에 오면 늘 나를 찾아오던 그는 이제 다람살라로 들어간 뒤 소식이 끊겼다. 나라가 없어 오스트레일리아 여권을 쓰던 그는 티베트를 다녀온 내게 라싸가 어떻게 변했는지 물어보곤 했다. 라싸에서의 첫날 밤, 고산증으로 머리가 터질 것 같았다는 나를 향해 자기도 지금 가면 그럴 것이라 했다. 경전을 배우기 위해 인도로 갔던 라마승들이 고산에 익숙한 신체를 낮은 곳에 적응시키지 못해 불귀의 객이 되었다는 이야기를 들려주며 그는 자기는 이제 그 반대로 오히려 고산지대로 가면 견디지 못할 것 같다 토로한 것이다.

다섯 가지 물 빛깔을 보여주는 연못 오채지五彩池도, 세상에서 가장 높은 궁전인 포탈라궁도, 설산의 물이 흘러 호수가 된 얌드록초도 궁금한 것이 많아 그는 내게 묻곤 했다. 그곳 태생이 그곳 태생도 아닌 한갓 통과객에게 고향 소식을 묻다니 안타깝지 않은가? 안타까움을 넘어 그것은 억울한 일이다. 제 나라를 남의 나라 묻듯 묻는다는 건 억울하고 슬픈 일이다. 몸으로 갈 수 없어 그들은 그렇게 무지개 몸을 원하는가? 이토를 총으로 쏴 죽인 안중근처럼, 상하이 홍커우 공원에서 도시락 폭탄을 던진 매헌梅軒처럼 나라를 뺏긴 이를 보면 동병상련을 느낀다.

식민지 시절 내 아버지는 고학생이었다. 열네 살 때 혈혈단신 현해탄 건너 동경에서 고학했던 고학생이었다. 새벽에 일어나 신문배달과 우유배달을 한 뒤 등교했던 식민지의 가난한 유학생이었다. 조국으로 돌아온 뒤 선친은 핍박하던 일본인을 때려눕힌 뒤 만주로 탈출했다. '용주사 우물가에 저녁종이 울릴 때 사나이 굳은 마음 길이 새겨두었네'으로 시작되는 가곡 '선구자'가 생각나는 북간도에서 해방이 되자 선친은 고향까지 걸어서 왔다. 봉두난발의 상태가 되어 힘겹게 찾아왔지만 그러나 고향의 평화는 오래가지 않았다. 6.25가 터지자 참전한 선친은 낙동강까지 밀린 전선에서 총상을 입고 언덕에서 아래로 떨어졌다 한다. 치열했던 안강과 신령 전투에서의 일이다. 굴러서 소나무 가지에 걸린 선친을 등에 업고 후퇴했던 이는 선친의 동료였다. 목숨을 건 우정이고 격동기의 의리였다.

그때 그 어른들은 무지개가 아니라 아마 강철이었을 것이다. 무지개 몸이 아니라 강철 같은 몸이었을 것이다. 마적 떼를 피해 행렬 지어 걸어오던 그때 그 어른들, 조국을 지키겠다고 다시 전쟁터로 나가야 했던 그 어르신들, 이제는 다 무지개가 되어 고향 언덕 어딘가에 떴다가 사라져간 역사의 통과객들이다. 나라를 빼앗긴 티베트 사람 초뻬 씨를 볼 때마다 나는 나라 없이 떠돌아야 했던 아버지 세대를 떠올렸다. 이제는 무지개 몸이 되어 우주의 알 수 없는 곳으로 공간 이동한 그들이 겪어야 했던 수난과 아픔을 떠올렸다.

군자란

병석에서 일어나 앉은 아버지는
팔을 벌려 나를 안으셨다.
평소 하시지 않던 행동이었다.
그게 마지막이었다.
마지막이라는 걸 당신은 알고 있었던 것이다.
서울로 돌아와 출근길 엘리베이터에서 내리자
전화벨이 울렸다.
핸드폰도 없던 시절이었다.
벨 소리를 듣는 순간 직감적으로
내 자리에서 울리는 소리라는 걸 알았다.
행운보다 직감은 불운에 예민하다.
육친과의 이별이 이래도 되느냐고
이렇게 간단해도 되는 거냐고
소리 질러봐야 대답할 이는 없다.

엘리베이터에 타는 순간 갑자기
누가 쑥, 잡아 뽑는 것 같던 엄지발가락의 통증은
전화를 받는 순간 사라졌다.
잘 있거라 나는 간다.
그때 그 통증을 나는 아버지가 내게 보낸
신호라고 믿는다.
올해, 고향 집에서 키우던 40년 된 군자란이
죽은 줄 알았는데 꽃을 피웠다.

여름에 보낸 편지

뛰어난 말솜씨가 아니라도 진솔한 한마디는 가슴에 와 닿고, 기교를 부리지 않아도 예리한 칼은 단숨에 심장을 찌른다.

화장하지 않아도 꽃은 개화 그 자체로 마음에 불 밝히니 평생을 정진한 수행자의 오도송悟道頌이나 뛰어난 하이쿠엔 수식어가 없다.

꿈에라도 오기를 기다리지만 끝내 오지 않는 사람도 있고, 안 만나고 싶지만 어쩔 수 없이 만날 수밖에 없는 사람도 있다.

깨고 나면 잊어버리는 간밤의 꿈처럼 웬만한 건 다 잊고 내려놓고 살아야지.

5월에 쓴 글을 8월에 다시 본다. 아메리카 인디언들은 8월을 '다른 모든 것을 잊게 하는 달'이라고 했다.

모든 것 다 잊게 해도 8월은 내년이면 또 오지만 한 번

간 생은 다시 돌아오지 않는다.

인형을 잃어버린 아이를 위해 카프카는 마치 인형이 아이에게 보낸 것처럼 30여 통의 편지를 썼다.

나는 어린 딸을 위해 《인형의 방》이라는 동화를 쓴 적이 있다.

'똑똑똑 창문 두드리는 소리에 인형들은 모두 고개를 들었어요'라고 시작되는 동화는

봄비 내리는 소리라는 걸 알게 된 인형의 이야기로 끝나지만, 방 안에 가득하던 인형은 이제 시집간 아이 따라 사라지고 없다.

유리창도 흠뻑 눈물에 젖는 장마 땐 비설거지하느라 눅눅했고, 따가운 햇볕에선 그늘 찾기 바쁘다.

물 같은 시간이 어느새 흘러 가을이 오고, 또 겨울이 따라서 다가오면 저무는 황혼을 보러 강으로 가야지.

그 저녁, 고구려와 신라가 각축했던 산성山城 호로고루 앞을 흐르는 임진강은 물드는 황혼으로 또 얼마나 처연할까.

인생의 황혼이란 선택한다고 오는 것이 아니지만

행복과 불행이 선택할 수 있는 것이라면 행목을 외면

하고 불행을 선택할 사람은 없다.

그러나 현실에서 사람들은 다 그렇지가 않다. 눈앞에 불행이 기다리고 있는데도 그것을 선택하는 이도 있다. 어리석음 때문이다. 욕망과 뒤섞인 어리석음이 인간의 눈을 멀게 한다. 불행해질 것이 뻔한데도 스스로 덫에 걸리는 것이다.

내 인생도 늘 행복했던 것은 아니다. 어리석음에 빠져 불행과 행복을 구별하지 못하고 살았을 때가 많다.

'인생은 선물이지만 사람들은 그 선물을 받는 법을 모르고 있다'는 말을 나는 아침보다 저녁이 가까운 이 나이 되어서야 이해했다.

한 발자국 물러나 세상을 보면 세상은 우리에게 선물일 때가 많다.

지금 내가 삶에서 겪는 일은 대부분 나 자신이 취했던 생각과 행동의 결과이며

지금 내가 있는 이 자리도 언젠가 내가 오기를 원해서 온 자리다.

생각과 행동을 통제할 수만 있다면 다가오는 운명 또한 조금은 바꿀 수 있을지도 모른다.

부정적인 생각은 분노나 적개심, 그리고 불안이나 우울증 같은 감정을 커지게 한다.

그러나 감사하는 마음은 뇌의 활동을 활발하게 하고 몸의 기능을 원활하게 만든다.

살아 있는 동안엔 살아 있다는 그 사실 하나로 감사하자.

기쁨은 슬픔 뒤에 숨어 있을 때가 많다. 슬픔이 옷자락 잡는다고 해서 두려워하거나 화내지 말자.

수많은 웅변보다 단 한 번의 침묵이 소중할 때가 있고, 답답한 침묵보다 발 빠른 말 한마디가 통쾌할 때도 있다.

사랑도 좋지만 애착이 되기 쉬우니 너무 좋아하는 것도, 너무 싫어하는 것도 다 내려놓고 모르는 척, 없는 척 살다가 가자.

* 호로고루: 경기도 연천에 있는 산성으로 현무암으로 된 절벽 위에 서 있다. 남한에선 보기 힘든 고구려 유적 중 하나다.

마지막 대화

 서로 친구인지 아닌지는 모르겠지만 고독과 고립은 함께 있을 때가 많다.

 그러나 고독과 고립은 내가 피하지 못하고 빠지게 된 상황이 아니라 내 의식이 만들어낸 생각의 창조물일지 모른다. 고독하다고 믿기 때문에 고독한 것이다. 그리고 고립되었다고 생각하기 때문에 고립된 것이다.

 뛰어난 영능력자였던 에드가 케이시Edgar Cayce는 생각을 '뛰어난 건축가'라고 했다. 생각을 통해 인간은 현재와 미래를 건설한다는 것이다. 그 말에 의하면 고독이나 고립 같은 부정적인 상황 역시 어떤 생각을 하느냐에 따라 누군가에겐 좌절, 그리고 또 다른 누군가에겐 고요와 평화의 상태로 경험된다. 생각이 내가 경험할 현실을 건축한다는 말이다. 망망대해에 홀로 있는 섬 같다는 말을 자주 하지만, 섬 같다는 그 생각에 의해 고립된 상황과 현실이 실제로 끌려오는 것이다.

고독과 고립 이야기를 하다 보면 말년을 요양원에서 보낸 은사가 떠오른다. 요양원이야말로 홀로 남은 섬 같은 곳 아닌가.

요양원에 들어가신 은사를 마지막으로 찾아간 날, 스승은 전화번호가 빽빽이 적혀 있는 수첩을 내게 펴 보였다.

시간이 흐르면서 아예 전화를 받지 않는 사람이 많아. 믿었던 제자들도 마찬가지야. 다들 바쁘겠지. 그리고 귀찮겠지. 그런데 그런 무응답이 내겐 마치 마지막을 알리는 선고같이 느껴져.

병 때문에 얼굴 한쪽이 일그러진 스승은 딴 사람처럼 낯선 모습이었다. 쓸쓸한 감정이 묻어나는 목소리는 가라앉았고, 대학에서 음악을 가르치며 음악과 함께 평생을 살았지만 어떤 서정적인 멜로디도 그에겐 더 남아 있을 것 같지 않았다.

귀찮다기보다 두려운 것이겠지요. 아름다움만 좇아가며 살던 사람들이 생의 진실한 순간을 목격하기란 두려운 일이니까요.

입 밖으로 꺼내진 않았지만 스승의 푸념에 마음은 그렇게 답하고 있었다. 생각이 현실을 건축한다는 에드가 케이시의 이야기가 떠올랐지만 말씀드릴 순 없었다. 생각만 바꾸면 이런 상황 속에서도 마음의 평화를 찾을 수 있다는 말을 어찌 할 수 있겠는가. 절박한 처지에 놓여 있지 않은 사람이 만들어낸 생각이란 대부분 지적인 사치일 뿐이다.

보호자가 없으면 나갈 수가 없어. 물론 혼자서 휠체어를 타고 나갈 수도 없는 처지이지만.

온종일 한 공간에 있어야 하는 것이 답답했던지 스승은 그런 말을 했다. 마땅히 가고 싶은 곳이 있는 것은 아니다. 그냥 지금 이 상황이 숨막히는 것이다. 요양원의 허락을 받아 휠체어를 밀고 나온 바깥은 딴 세상이었다. 마트에 들러 뭔가를 사고, 근처에 있는 공원으로 나왔지만 우울한 스승의 표정은 바뀌지 않았다.

이렇게 어서 죽기만을 기다리는 거지.

다가오는 비둘기를 향해 과자를 던져주는 내게 그는 그렇게 말했다. 평소의 따뜻하던 모습은 사라지고 체념과 자조가 묻어나는 말투였다. 아마도 그것은 고립과 고독에 상처 난 말년의 진실한 모습일 것이다.

그렇지만 오히려 죽어야 좋은 일이 생길 수도 있는 것 아닐까요?

극심한 고통에 시달리다가 세상 떠난 어머니 생각이 나서 그런 말이 나갔다. 고통이란 영혼까지 붙잡을 순 없는 것인지 일그러졌던 어머니의 얼굴은 숨이 떨어지자 비로소 평화를 되찾은 듯 고요해졌던 것이다. 스승과 어머니는 같은 병이었다.

죽으면 하늘나라에서 보고 싶은 사람들을 다시 만나게 될지도 모르니까요.

그 말을 듣는 순간 스승의 눈동자가 반짝, 빛나는 것 같았다. 요양원에 들어오기 몇 해 전 그는 의사였던 큰딸을 암으로 잃은 것이다.

정말 그런 일이 일어날 수 있을까? 스승의 표정엔 그런 의문이 숨어 있었다.

그것이 마지막 대화였다. 공원에 있는 동안 스승은 더 아무런 말도 하질 않았다. 나 역시 더 할 말이 없었다. 위로하는 마음과 그 위로를 받아들이는 또 다른 마음에 꼭 말이 필요한 건 아니니까.

지금의 생이 힘겨운 사람에게 과거의 명예나 젊은 날의 희망 같은 건 부질없는 꿈에 지나지 않을지도 모른다. 나 또한 내가 쓰고 있는 글이나 그림 같은 것들이 말년의 내 인생에 어떤 그림자로 드리울지 알 수가 없다. 생각을 뛰어난 건축가라고 말하지만 그 건축 또한 세월이 가면 낡고 부스러져 마침내 허물어지고 만다. 어둠이 지나면 새벽이 올 것이라는 희망 또한 생의 마지막 지점에 있는 사람에겐 무의미한 소리이다. 지금 이 순간 내가 할 수 있는 일은 그저 담담히 기도하는 것뿐이다.

함께 기도하자는 말은 못했지만 그렇게 공원에 있는 동안 내내 기도하는 심정이었다. '너에게 새벽이 밝아오지 않으면 이웃에 해가 비칠 것이라 기대하지 말라'는 티베트 사람들처럼 해가 떠오르길 바라는 기도가 아니라 그것은 더 이상 고통 없이 이대로 고요히 끝나기를 기원하는 기도였다.

내가 어려움에 빠졌을 때, 그리고 내가 병들어 누웠을 때, 타인을 격려하고 기도하는 것이 스스로를 치유하는 좋은 방법이라 했지만 그런 생각 때문에 기도한 것도 아니다. 우리의 무의식은 모두 연결되어 있고, 그 무의식으로 내려가 서로 손을 잡았던 것뿐이다.

때로 감동적인 순간이 없는 것은 아니지만 인생은 신파 같은 마지막을 준비하고 있을 때가 많다. 다시 한번 찾아뵈어야지 하는 사이 부고가 날아오고, 장례식장에 찾아온 합창단이 부르는 이별 노래를 들으며 나는 그날 휠체어에 앉아 있던 스승의 쓸쓸한 모습을 떠올리며 눈시울 적셨다.

요양원 측에 부탁해 들여놓은 피아노 앞에서 지휘라도 하듯 두 손 들어 허공을 휘젓던 장면이 고인의 마지막 모습이라는 것이 요양원 직원의 전언이다. 죽음의 순간에도 음악을 떠올리며 그렇게 두 손 들어 고별의 교향곡을 지휘하신 것일까? 그러나 젊은 날 내게 나도 모르는 영감을 제공했던 나의 뇌는 내게 한 가지 사실을 알려준다. 아마도 스승은 먼저 간 따님을 만났을 것이라고.

하늘나라

사람이 죽어서 하늘나라로 가면
먼저 간 부모님이나 형제들이
마중 나온다고 한다.
다시는 볼 수 없다 체념하며 살았던
아버지, 어머니 손을 다시 잡을 수 있다면
죽음이란 두렵지 않고 반가운 일 아니겠나.
마음속에 묻어두던 그리운 사람들
기다리고 있다면
죽음이란 슬픔 아닌 행복한 일 아니겠나.

패배의 증거

"세상과의 거리가 점점 더 멀어지는 이 깊은 산골 마을에 못 박혀 있다. 나를 그렇게 만든 건 사과나무다. 나는 사과나무를 저버리지도 못한다. 오히려 사과나무에게 버림받을까봐 두렵다."

―《달에 울다》, 마루야마 겐지

가을의 몰락을 확인이라도 하겠다는 듯 온종일 비가 내린다.

여름날 소나기처럼 퍼붓는 저 비.

비를 바라보며 나는 마루야마 겐지의 책을 읽는다.

그는 문단과 사회로부터 스스로를 격리한 채 자발적 소외를 택한 소설가다. 그런데 그는 왜 사과나무로부터 버림받을 것을 두려워하는 것일까?

소설을 읽다 보면 어느새 나는 소설 속 인물을 소설가

와 동일시한다. 그러나 소설과 달리 시와 시인을 동일시한 적은 없다.

시처럼 사는 시인을 본 적이 없다.

오래전 자발적 가난을 택해 살아가는 한 청년의 피리 연주를 들었던 적이 있다. 북아메리카 원주민인 인디언 피리를 연주하던 그가 왜 책을 읽는 동안 떠오른 것일까? 빗소리 때문인가?

그것은 경계에 관한 문제다. 비는 바깥과 안의 경계를 선명하게 긋는다. 가진 자와 가지지 못한 자를 갈라놓는 경계, 가득 찬 것과 비어 있는 것 사이에 놓여 있는 경계, 젖은 자와 젖지 않은 자 사이를 갈라놓는 경계. 피리 소리는 내게 있는 것과 없는 것의 경계를 생각하게 한다.

경계를 떠올리며 듣는 인디언 피리는 명상적이다.

무엇과 무엇을 갈라놓는 경계에 대해 명상한 적 있는가? 경계는 하나의 간격이다. 격간 명상이라 부르는 그것은 들숨과 날숨 사이에 있는 경계를 알아차리는 일이다. 없지만 있는 간격을 알아차리는 일이다. 들숨과 날숨이 살아 있음을 증거하듯 들이마심의 멈춤이 곧 죽음이다. 들어가고 나가는 그 사이를 명상하는 것은 곧 삶과 죽음에 대해 명상하는 것이다.

피리 소리 또한 들이마시고 내쉬는 숨에 의해 생성된다. 모든 관악기는 숨에 의해 음악이 되는 것이다. 그것은 고요와 침묵에 대한 묵시록 같다. 내면에 있는 비밀을 드러내고, 덮여 있는 베일을 벗겨내는 그 소리는 명상적이다. 명상을 하며 듣는 피리 소리는 마치 자발적 가난을 택한 한 청년과 소설가의 소외된 영혼을 증언하는 것만 같다.

말년이 되면 소외는 자발적이 아니라 저절로 이루어진다. 그것은 마치 사랑하는 이가 떠난 세상에 혼자 남는 것과 같아서 내 영혼을 고독의 깊은 우물 속으로 데리고 간다. 그들도 사실은 소외가 두려운 것인지 모른다. 스스로를 격리했지만 그때의 격리란 도피의 다른 이름일지도 모른다. 두려워서 그는 미리 도망친 것이다. 모든 소외는 죽음과 연결된다.

죽음만 한 소외가 어디 있겠는가. 죽음에 대해 연구했던 정신과 의사 엘리자베스 퀴블러 로스는 사랑하는 이가 세상을 떠난 뒤 겪게 되는 반응을 다섯 단계로 나눈다. 슬픔의 5단계라 불리는 그것은 부정과 분노, 그리고 타협과 절망을 거쳐 수용의 단계로 간다. 분노와 체념을 지나 마지막 단계인 수용으로 가는 동안 슬픔은 상처를 조금씩 변화시킨다.

지인 중에 그런 변화의 과정을 돕는 이가 있다. 사랑하는 사람을 잃은 이들을 상담하며 치유의 단계로 이끄는 그 일을 그녀는 '애도상담'이라고 부른다. 음악치료사이기도 한 그녀는 때로 내담자와 만난 뒤 돌아오는 자동차 속에서 소리 내어 엉엉 운다고 고백한다. 피상담자를 배려하며 눌러놓던 슬픔이 혼자 있는 순간 터져 나와 참을 수가 없는 것이다.

슬픔은 보는 것만으로도 우리를 힘들게 한다. 위로받길 원하지만 때로는 위로받기를 거부하는 이도 있다. 자신의 죽음을 알리지 말라고 하는 이도 있다. 친지 중에 그런 이가 있었다. 알리지 않았으니 장례식장은 텅 비었고, 사람들의 기억 속에 그는 살아 있는 존재로 남고 싶었다. 힘들게 쌓아놓은 경력이나 평판 같은 것들이 한순간에 사라지는 것을 두려워한 것이다. 알리고 싶지 않은 죽음 중엔 죽음을 하나의 패배로 여기는 경우도 있다. 성취와 성공만을 목표로 살아온 사람에게 죽음은 경력의 단절, 세상으로부터의 소외, 소유로부터의 박탈 같은 패배로 여겨지는 것이다.

그러나 죽음의 순간까지 뭔가를 놓지 못하고 쥐고 있는 것은 어리석은 일이다. 놓지 못하는 그 마음이 패배의 증거다. 빼앗기지 않으려고 쥐고 있는 그 마음이 곧 박탈이다. 죽음은 패배가 아니다. 누구나 겪게 되는 우주 속의 사건일 뿐 그것이 패배라면 살아 있는 누구도 비켜 갈 수 없는 패배이다. 죽음은 삶의 정해진 수순手順이다.

인생

방아쇠가 있다면 손가락 걸고
당기리라.
꺾인 꽃이 있다면 들고 가 누군가에게
바치리라.
용서하고 싶지 않아도 한 번쯤
용서를 생각하며 잠에 들리라.
아무것도 남은 것이 없는 날엔
쓸쓸하지만
진 것은 아니라고 말하리라.

비록

오늘, 라떼 한 잔을 사이에 두고 비록이라는 부사와 만난다.

시간은 오전 9시 10분.

내가 있는 스타벅스는 어디서 온 것인지 물어보지 않은 외국인들로 붐빈다.

그들은 아마 위층부터 시작되는 호텔의 객실에서 쏟아져 나온 사람들일 것이다.

바퀴 달린 여행 가방 하나씩을 끌고 있는 그들이

어느 별에서 온 것인지 궁금하지만 나는 그냥 바라만 보고 있다.

코가 크고, 눈이 크고, 까무잡잡하거나 희멀쑥한 피부를 가진 그들은

멀리서 온 여행객이지만

나 역시 잠시 이 별에 온 여행자이긴 마찬가지다.

내게 주어진 일정은 어느새 종착역을 향해 가고 있지만
그런 나를 나는 기꺼이 용서하고 수용한다.
행성이 만든 규칙과 관습에 묶여
떠돌아다녀도 온전히 자유롭지만은 않은
스스로 묶어놓은 압박감에 주눅 든 우리는
대부분 삼등석을 타고 온 이 별의 여행자다.
오늘 아침 내가 만난 부사인 비록은
지금 내 앞에 놓인 상황을 선선히 인정하는 것으로
하루의 문장을 시작하라 요구한다.
비록 삼등석을 타고 왔지만 나는 이 별이 내게 요구한 질서와 규칙을
어긴 적이 없다.
말하자면 이런 식이다.
비록이라는 간판을 걸고 있는 이 낱말은
비록 어려운 상황에 놓여 있다 하더라도
자신을 사랑하고 아껴야 한다고 나를 가르친다.
비록 세상이 사랑이라 부르는 것들이 사실은 사랑이 아니라
집착이거나 그릇된 소유욕이거나 교환 불가능한 망상

이라 하더라도

상대를 사랑하고 존중해야 한다고 가르친다.

소유의 사랑이 아니라 존재의 사랑을 해야 한다고 가르친다.

존재한다는 그 사실만으로도 빛이 되는

그런 존재로 당신은 있어 왔던가?

비록 그렇게 살아오지 못했다 해도 나는 그런 나를

인정하고 용서한다.

비록 여기까지가 나의 한계라 해도 이런 나를

갸륵하고 대견하게 여긴다.

이태리 말인지, 스페인 말인지 알 수 없는 말로 저들은 소통하고

비록 무슨 말인지 몰라도 나는 안다. 모든 여행은 결국

돌아가기 위해 존재한다는 것을.

왕릉 가는 길

 약하게 가랑비 내리는 날이었다.
 문자와 함께 첨부된 사진을 보는 순간 심장이 덜커덕, 소리 내며 멎는 것 같았다. 이내 코끝이 찡하며 눈시울이 뜨끈해졌다. 비 맞으며 도시락을 먹는다는데, 첨부된 사진엔 묘비가 사람 대신 우산을 쓰고 있는 것이다. 나는 대번에 그 이유를 알아차렸다.
 가랑비 맞으며 도시락을 먹으면서도 묘비가 젖지 않도록 우산을 비석 위에 펴놓은 것이다. 애절한 마음이 비수처럼 내게 꽂혀 코끝이 시큰해진 것이다. 검은 화강암으로 만든 비석 표면엔 새긴 지 얼마 되지 않은 이름 석자가 선명하게 찍혀 있었다. 우산을 썼지만 비석의 검은 돌은 촉촉이 젖은 얼굴 들어 부부를 바라보는 것 같았다.
 '전 괜찮아요. 잘 지내고 있어요. 너무 상심하지 마세요.'

또 찾아온 부모를 향해 묘비는 그렇게 말하는 것 같았다. 비석에 새겨진 이름 석자를 애끓는 모성은 얼마나 쓰다듬고 또 쓰다듬었을까.

이제 겨우 네 살 된 꼬마와 처를 두고 떠난 자식이었다.

부모는 산에 묻고, 자식은 가슴에 묻는다는 옛말 그대로 참척慘慽의 아픔이 가랑비 되어 가슴을 적시며 후벼팠을 것이다. '참혹할 참, 슬퍼할 척'이라는 뜻을 가지고 있으니 참척이란 아마 사람이 겪을 수 있는 가장 큰 슬픔을 뜻하는 말이리라.

경주 가는 길에도 가랑비가 내린다.

들판은 어느새 황금빛을 띠고 있고, 아들 잃은 아버지는 오랜만에 찾아온 벗을 위해 운전대를 잡았다. 위로해야 될 사람이 오히려 위로를 받는 격이지만, 그가 이끄는 고도古都의 왕릉 길을 나는 묵묵히 따라가기만 했다.

진평왕릉 가는 길은 늙은 초록이 막 황금빛 의상을 갈아입는 중이었다. 농사를 위한 물길인지 수로에는 콸콸, 물이 흐르고 가랑비 머금은 하늘은 손수건도 없는데 눈물을 뿌려댔다. 자동차가 멈추자 100여 미터 앞 벌판에

황복사 절터가 보였다.

폐사지 뒤로 왕릉을 품고 있는 낭산狼山과 황복사 3층 석탑이 천년의 역사를 증언하듯 잿빛 하늘 아래 드러났다. 낭산은 해발 100미터 남짓한 낮은 산이지만 성스럽게 대우받는 신라의 진산鎭山이다. "쓸쓸한 날에 자주 오는 곳입니다." 그가 말했고, 나는 그가 말하는 쓸쓸함이 뭘 의미하고 있는지 묻지 않아도 알고 있다.

절터를 돌아본 뒤 다시 수로를 따라 산 쪽으로 올라가자 고즈넉하지만 아름다운 풍경이 시작되었다. 왕릉 초입이었다. 허공을 향해 휘어진 소나무의 연륜은 함께 간 화가의 감탄사를 자아내기 충분했다. "너무 아름다워요!"

정말이다. 너무 아름다운 정경이다. 화가의 말과 동시에 나 또한 "아, 이런 곳에 살고 싶다."라는 탄성이 따라 나왔다. 풍경만으로도 힐링이 될 법한 공간이었다. 그 옛날 만인의 슬픔 속에 조성되었을 한 인간의 무덤이 세월 지나 이렇게 치유를 품을 수 있다니. 세월이 약이라고 하지만, 시간은 때로 불가능하게 보이던 일을 긍정으로 바꾸기도 한다.

그러나 화가는 이내 "그런데 이런 곳엔 외로워서 오래 못 살아요."라며 자신의 말을 수정한다. 나 역시 수긍하듯 그녀의 말에 고개를 끄덕일 수밖에 없다. 아름다움에 대한 매혹보다 외로움에 대한 두려움이 더 커지는 것이 인간의 노년이다.

"여기가 진평왕릉, 그리고 저쪽으로 보이는 낭산 자락에 진평왕의 딸인 선덕여왕의 능이 있지요." 그의 설명을 듣는 동안 나는 들고 있던 우산을 접어 살며시 풀 위에 내려놓는다. 네 살 된 그의 손자는 벽에 걸린 아빠 사진에 입 맞추기 위해 자꾸 벽을 향해 오르려 한다지 않은가. 묘비에 우산을 받쳐놓던 애절한 심정을 떠올리면 이 정도 가랑비엔 우산 들고 있기도 미안하다.

"이게 제가 가장 좋아하는 소나무입니다. 나무가 두르고 있는 철갑 좀 보세요."

철갑을 두른 채 휘어진 소나무가 그의 손가락 끝에서 용틀임하고 있다. 하늘로 올라간 용들은 언젠가 왕이 되어 다시 오나? 하늘로 떠나간 사람들도 언젠가 먼저 간 차례대로 돌아오지 않을까?

왕릉을 바라보면 나는 왜 늘 보름달을 연상하게 될까?

둥근 반쪽을 흙 속에 파묻은 채 달은 영욕榮辱의 긴 세월 동안 꺾어지고 다시 차오를 것이다. 지금 왕릉을 바라보며 참담한 시간 견디고 있는 벗 또한 길고 긴 터널을 벗어나 다시 서게 될 것이다. 기울다가 차오르고, 차오르면 다시 기우는 것이 달의 역사 아닌가.

  어디서 온 것인지 나비 한 마리, 가랑비 속으로 날아간다. 비를 맞아도 나비의 날개는 젖지 않는 것일까? 글썽이듯 내리는 가랑비 속에서 나는 벗이 쓴 시 '나비'를 떠올린다. 인고의 시간 견디어온 어머니의 삶을 나비에 비유한 작품이다.

  나비의 삶은 곡선이다

  장독대 옆에 앉아 있던 참새가
  길 건너 전깃줄까지
  직선으로 몇 번 왕복할 동안
  나비는 갈지자 날갯짓으로
  샐비어와 분꽃 사이를 맴돈다

아버지는 바람같이 대처를 돌아다녔고
엄마는 뒷산 손바닥만 한 콩밭과
앞들 한 마지기 논 사이를
나비처럼 오가며 살았다

나비의 궤적을 곧게 펴
새가 오간 길 위에 펼쳐본다
놀라워라 그 여린 날개로
새보다 더 먼 거리를 날았구나

엄마가 오갔던 그 길
굴곡의 멀고 긴 아픔이었구나

—**나비, 윤일현**

이 별에 다시 오면

　우리가 함께 소풍 가던 뒷산은 허물어져 아파트가 섰습니다.

　봄이면 별을 매달던 목련은 사라졌고, 여름날 은은한 향기를 뿌리던 자귀나무는 베어지고 없습니다. 다 자란 아이들은 집을 떠났고, 그립다고 말하기엔 너무 늦었습니다.

　그늘을 펴주던 것들이 사라진 삶이란 외롭습니다. 그것은 마치 부모님을 떠나보낸 노후 같아 기댈 곳이 없습니다. 외롭다는 말과 고독하다는 말의 차이가 뭔지 아시나요?

　고독은 외로움보다 더 무거워 깊은 우물 같습니다. 우물에 비친 달을 향해 떨어지는 두레박 소리가 외로움을 닮았다면, 고독이란 끝을 알 수 없이 깊은 수심의 일렁이지 않는 침묵 같은 것이지요. 외로움이 단조라면 고독은 끝난 노래의 깊고 긴 쉼표 같은 것입니다.

침묵이 품고 있는 고요함엔 세 가지가 있습니다. 첫 번째는 내 귀를 자극하는 외부의 소리가 사라진 고요함이 그것이지요. 두 번째는 욕망과 아픔이 사라진 몸의 고요함입니다. 그리고 나머지 하나가 바로 내면의 침묵이라 할 수 있는 마음의 고요입니다. 그런 마음의 고요를 얻은 상태에선 더 이상 외롭지도 않고, 고독하지도 않을 것입니다.

끊임없이 분별하고 판단하던 생각들이 잦아들고, 그 생각을 대변하던 마음의 수다가 사라지면 그 자리에 모든 것을 지켜보는 눈동자 하나가 들어섭니다. 내면의 눈동자라고 부를 수 있는 그것은 여러 가지 이름으로 불립니다. 티베트의 초르텐(탑) 위에 그려져 있는 제3의 눈동자가 그것이지요. 지혜를 상징하는 그것은 높은 자아, 순수의식, 본래면목의 눈동자라고도 할 수 있습니다. 깊은 우물의 마르지 않는 중심과 같은 것이지요. 티베트 사람들이 저녁사원이라고 부르는 카트만두의 보드나트에서 코라^{Kora}를 하던 생각이 나는군요. 코라는 우리식으로 말하면 탑돌이입니다. 보드나트의 거대한 초르텐

위에도 지혜의 눈동자가 그려져 있습니다. 저녁기도 시간이면 티베트 난민들은 거기 모여 코라를 하며 윤회의 삶을 벗어나 해탈에 이르기를 간구하지요.

 죽으면 모든 것이 끝이라고 말하지만, 생이 현재의 삶만으로 끝나지 않고 반복적으로 이어진다는 믿음이 윤회입니다. 그러나 반복해서 윤회하는 개별적 자아가 있다는 믿음이 과학적인 방법으로 증명된 것은 아닙니다. 어쩌면 오직 한 번뿐이라는 삶의 유한성에 대한 절망 때문에 그런 믿음이 생긴 건지 모르겠지만 나는 아직 죽은 뒤 그 모습 그대로 다시 태어나거나 돌아온 사람을 만난 적이 없습니다.
 어떤 이는 윤회에 대해 이런 질문을 던집니다. 한 촛불의 불을 다른 촛불에 댕기고, 그렇게 댕겨진 불을 또 다른 촛불에 댕겨서 이어지는 영원히 꺼지지 않는 촛불이 있다면 이어진 그 촛불들의 불은 처음의 촛불과 같은 것일까요, 다른 것일까요? 질문 속의 끝없이 이어지는 촛불이 바로 윤회의 실상에 대한 비유입니다. 처음과 같은 불이라고 단정할 수도 없고 그렇지 않다고 단정할 수도 없는 상태, 윤회란 그런 것이라는 말입니다.

촛불 이야기가 나왔으니 하는 말이지만, 열반이라는 말로 음역된 범어梵語 '니르바나'에는 촛불을 불어서 끈다는 뜻이 있습니다. 번뇌를 촛불 불듯 불어서 끈다는 말이지요. 여기서 열반이란 말은 번뇌가 없는 진실로 순수하고 행복한 상태를 나타낸다고 이해해도 좋습니다. 나를 괴롭히는 부정적인 생각들, 고통의 원인이 되는 번뇌와 망상이 촛불이라면 정말 불어서 꺼버릴 수 있으면 좋겠습니다.

버지니아 대학교의 정신과 교수를 역임했던 이안 스티븐슨은 30년 이상 전생과 윤회에 대한 연구를 한 결과 인간의 운명을 결정하는 힘은 우연이 아니라 개개인의 책임이라 결론 내렸습니다. 신적인 존재나 어떤 외부적인 존재에 의해 좌우되는 것이 아니라 개인의 책임에 따라 운명이 결정된다는 것입니다. 그의 견해는 옳은 것일까요?

그러나 살아가는 동안 점점 더 나는 인생의 많은 것이 개개인의 책임보다 운에 의해 결정된다는 쪽으로 기울고 있습니다. 우연의 힘이 더 크다는 말이지요. 운7기3이라는 말도 있지만, 그보다 더 비율을 높여 운이 9가 아닐까 생각하는 것입니다. 잘난 사람, 성공한 사람, 부자라고 생각되는 사람은 모두 운이 좋았습니다. 물론 세상에 공짜는 없습니다. 노력하지 말라는 말도 아닙니다. 그러나 노력한다고 다 되던가요? 살기 위해서 웬만큼 노력하지 않은 사람이 있나요? 저마다 다 최선을 다해 살아온 인생입니다. 진인사대천명盡人事待天命이라는 옛말 또한 그래서 생겨난 것 아닐까요? 할 수 있는 일을 다 하고 난 뒤에 하늘의 뜻을 기다려야 한다는 그 말씀 또한 운의 중요함을 놓치지 않고 있습니다.

최선을 다해도 실패한다면 당신 책임이 아닙니다. 운이 나빴던 것뿐입니다.

노력이 부족해서 실패한다는 믿음은 실패해보지 않은 사람들이 만들어놓은 아집일 수 있습니다. 그렇다면 좋은 운을 얻기 위해선 어떻게 해야 할까요? 모르겠습니다. 하늘이 하는 일을 누가 알겠습니까. 그러나 한 가지 힌트를 찾는다면 매사에 감사하는 마음을 들겠습니다. 오만한 마음 내려놓고 살펴보면 내겐 감사할 일이 너무 많습니다. 이 별에 다시 오고 싶진 않지만 여러 가지로

부족한 나를 여기까지 데리고 온 인생에게 고맙다는 말을 전합니다.

2 장

가을의 완성

 창밖의 데크 위로 떨어진 낙엽이 흩날리고 있다.

 빗자루로 낙엽을 쓰는 일은 잘 없다. 게을러서 그런 탓도 있겠지만 꼭 그런 것만은 아니다. 대빗자루를 하나 사두긴 했지만 늘 놀고 있다. 놀고 있는 빗자루는 한가한 게 아니라 한심하다. 글을 쓰건 또는 그림을 그리건, 세워둔 빗자루처럼 놀고 있는 작가 역시 한심하다.

 중국의 고승 향엄香嚴은 빗자루에 쓸려 굴러가던 기와 조각이 대나무에 부딪히는 소리를 듣고 깨달음을 얻었다. 오랫동안 정진했지만 깨닫지 못하고 잠들어 있던 의식이 작은 소리 하나에 홀연 깨어난 것이다. 빗자루 덕분에 깨달음을 얻은 이는 향엄뿐이 아니다. 고려 시대 승려인 담진曇眞 역시 마당을 쓸던 빗자루 소리에서 깨달음을 얻었다고 한다.

 그뿐 아니다. 기행을 일삼던 당나라 시대 승려 보화普

化는 빗자루 대신 종소리에서 깨달음을 얻었다는데, 소리에서 깨달음을 얻은 그들을 떠올리는 동안 나는 '시는 소리 내어 작곡'되어야 한다고 주장한 영국의 시인 바질 번팅Basil Bunting을 생각했다. 소리와 음악성을 강조한 그의 시에 대한 주장이 좋은 시는 음악처럼 고유한 리듬과 멜로디가 있어야 한다는 내 생각과 유사한 데가 있기 때문이다. 물론 산문도 리듬감 있는 글이 있긴 하지만, 시와 산문의 경계 역시 거기서부터 갈라지게 되는 것은 아닐까? 시의 청각적인 울림을 중요하게 여긴 바질 번팅이 소리를 통해 깨달음을 얻은 선사들 이야기를 듣는다면 어떤 의견을 낼까?

깨달음에 대한 일화는 소리뿐만이 아니다. 당나라 때 승려인 영운靈雲 선사는 피어나는 복사꽃을 보다가 깨달음을 얻었다고 한다. 또한 스승인 붓다가 연꽃을 들자 그것이 무엇을 뜻하는지 바로 알아차리고 미소 지은 마하가섭 이야기 역시 염화시중拈花示衆의 미소로 잘 알려진 꽃과 깨달음의 일화다. 이심전심以心傳心이라는 말이 유래된 그 미소처럼 봄이면 활짝 피는 마당의 명자꽃, 그리고 담장에 기댄 채 놓고 있는 저 빗자루도 침묵하고 있지만 언젠가 내게 벼락같은 깨달음을 선물할지 누가 알겠는가.

비록 빗자루는 세워둘지언정 나는 아침 9시면 작업실에 나와 뭔가를 쓰고, 튜브에 든 물감을 짜내어 캔버스에 칠하며 온종일 일한다. 깨달음을 주는 것도 아니고 보상도 없는, 어떻게 보면 무모한 일을 계속하는 것이다. 보상을 바란다면 결코 할 수가 없는 일이 우리가 예술이라 부르는 것들이다. 무모하지만 그러나 그런 예술적 행위가 작가 자신에게 주는 충만함은 적지 않다. 그 충만함은 오롯이 나 스스로 정해놓은 가치로부터 비롯된 것이니 쓰거나 그리는 동안 작가는 단지 '하고 있는' 그 행위에서 기쁨과 만족을 얻는다. 비록 빗자루는 놓고 있지만 바람에 흩날리는 저 낙엽의 산란함이 세속의 가치로부터 비켜 나와 생을 찬미하는 이의 눈엔 더없이 아름답게 느껴질 수 있는 것이다.

깨달음도 그런 것일지 모른다. 마당을 쓰는 빗자루로부터, 그 빗자루가 쓸어낸 한낱 쓰레기에 불과한 기와 조각으로부터 커다란 각성의 순간이 찾아온다는 것은 진리가 규격화되거나 정형화된 어떤 것이 아니라는 사실을 뜻한다. 빛나고 화려한 명성에 추동된 작품의 가치는 명성의 크기 따라 높아질 수 있겠지만 그것이 결코 빗자루에 쓸린 기와 조각보다 더 위에 있는 것은 아니라는 말이다.

가을이 가기 전 나는 이 계절의 걷기를 완성해야 한다. 채 마르지 않은 작품 위로 덧칠을 해야 하고, 차가워진 흙바닥과 작별하는 맨발의 산책을 마무리해야 한다. 이때의 완성이란 완성이라기보다 완료가 적절한 단어일지 모른다. 그러나 그것을 완성이라고 표현하는 이유는 바니시varnish를 바르며 그림을 완성하듯 가을도 완성된 가을이 있기 때문이다. 모든 완성이 또 다른 시작을 예고하듯 가을이 가기 전 나는 올해 몫의 쓸쓸함을 완성해야 한다. 여름과 가을이 그러하듯 가을과 겨울의 경계도 분명한 것은 아니다. 애매한 그 경계를 나는 순전히 대지를 밟고 걷는 내 맨발이 느끼는 감촉에 의지해 결정할 것이다. 발바닥이 시려오고, 마음의 온도계가 영하로 내려갈 때쯤 내 쓸쓸함은 겨울의 문을 노크하며 완성될 것이다.

기차 소리가 들렸어

눈을 감아도 네 목소리가 들렸어.
가지 마, 하며 붙잡던
따뜻한 목소리가 울먹이고 있었어.
뒤돌아보면 크레파스가 그려놓은
집과 마을 사이로
서 있는 은사시나무들이 눈에 부시고
너는 내게
여기 살면 안 될까? 하고 물었어.
여기 살면 안 될까를 나는
여기 쉬면 안 될까로 들었어.
눈 감고 오랫동안 쉬고 싶었어.
바람 속으로 누가 문 열었는지
기차 소리가 들렸어.

코끼리의 좌절

히말라야에서 세 번째 높은 봉우리 칸첸중가가 보이는 다르질링에 간 적이 있습니다.

유네스코 문화유산인 토이 트레인^{toy train}을 타고 칸첸중가를 조망하는 전망대까지 구불구불 올라가는 길은 흥미로웠습니다. 다닥다닥 붙어 있는 집과 집 사이를 뚫고 기차는 영화 속 한 장면처럼 달려가지요. 장난감 기차처럼 작은 이 증기기관차는 어른이 뛰어가는 속도 정도로 달립니다. 그 옛날 티베트 땅이었을 시킴 지역을 가다가 설산을 보기 위해 들른 곳입니다.

거기까지 갔으니 '다르질링 티'로 유명한 차밭을 안 가볼 순 없었습니다. 이상향을 뜻하는 샹그릴라로 불리기도 했던 만큼 청정한 곳일 거라 기대했지만 막연한 기대는 분명한 좌절을 안겨주었습니다. 기대가 크면 실망도 크다고 하지만 크게 기대했던 것은 아닙니다.

다르질링에 대한 실망은 기대 때문이 아니라 매연과 소음 때문이었습니다. 매연이 심한 도시였습니다. 여기저기서 울려 퍼지던 뜻 모르는 힌두 노래 또한 여행객에겐 소음에 가까웠습니다. 인도의 대도시가 대부분 그렇듯 그곳은 마스크 없이는 다니기가 힘들 정도였습니다. 알고 보니 '로스트 샹그릴라'라는 부끄러운 별명까지 이미 얻고 있었지요. 찾지 못한 이상향에 대한 아쉬움 때문에 그 뒤 나는 '라스트 샹그릴라'로 불리는 청정왕국 부탄을 찾아가기도 했습니다.

도심뿐 아니라 차밭 역시 공해가 걱정되긴 마찬가지였습니다. 도심보다 높은 곳에 있어서 오염이 덜하긴 하겠지만 이런 곳에서 재배되는 차를 믿을 수가 있을까 하는 의문은 해소되지 않았습니다. 차에 관심 있는 이들은 다르질링 하면 티를 떠올리지만 스리랑카에서 재배되는 실론티 또한 그에 못지않은 명성을 가지고 있습니다. 그렇다면 공해에 찌든 다르질링과 달리 스리랑카에서 나오는 실론티는 믿을 수 있을까요?

영국 식민지 시절 실론이라는 이름으로 불렸던 스리랑카는 '인도의 눈물'이라는 별칭이 있습니다. 거대한 인도

대륙 옆에 한 방울 눈물처럼 떨어져 있는 섬나라이기 때문이지요. 스리랑카의 차밭은 규모만으로도 대단했습니다. 구비구비 이어지는 해변을 '여왕의 목걸이'라고 불렀다고 할 만큼 아름다운 실론은 차밭 또한 훌륭했습니다. 느린 속도로 가는 버스를 타고 1시간 넘게 올라간 산은 주변이 다 차밭이었습니다.

그러나 차밭도 차밭이지만 정작 그곳에 갔던 더 큰 이유는 2000년 역사를 가지고 있다는 페라헤라^{perahera} 축제를 보기 위해서였습니다. 100마리의 코끼리(실제로 100마리가 나오는지 세어보진 않았습니다)가 온갖 치장을 한 채 행렬을 이루어 등장하는 축제이니 그것만으로도 장관일 것 같았습니다.

축제의 백미는 석가모니 부처님의 치아 사리, 즉 부처의 이빨이 담긴 사리함을 왕코끼리가 모시고 나오는 장면입니다. 흥미로운 것은 왕코끼리를 뽑는 과정에도 있습니다. '킹 엘리펀트'로 선발되기 위해 스리랑카 전역에 있는 코끼리들은 모두 행사 장소인 '캔디'를 향해 모여듭니다. 캔디는 옛 왕국의 수도였던 곳으로 한국의 경주 같은 곳이지요.

왕으로 뽑힌다는 것은 코끼리 주인에게도 영광스러운 일입니다. 지능지수가 높은 동물로 알려진 코끼리 또한 킹 엘리펀트로 선발되는 것에 큰 기대를 건다고 합니다. 흥미로운 점은 그런 기대 속에서 선발되지 못하고 떨어진 코끼리들이 느끼는 좌절감입니다. 코끼리도 좌절감을 느낀다니, 믿어지나요?

그러나 동물의 감정을 연구하는 학자들에 의하면 코끼리는 인간과 마찬가지로 다양한 감정을 느낀다고 합니다. 슬픔과 애도를 직접 표현하기도 하며 동료나 가족 중에 누가 죽으면 며칠 동안 그 곁을 떠나지 않고 슬퍼하거나 눈물을 흘리는 경우도 있다고 합니다. 성격 역시 서로 달라 친절하거나 활달하거나 사납거나 다양하다고 합니다.

킹 엘리펀트로 뽑히지 못해 좌절하는 코끼리 이야기를 듣자 떠오른 생각이 좌절을 다루는 마음의 기술입니다. 마음을 조절하고 통제하는 데 도움을 주는 이 기술을 코끼리에게도 가르쳐주면 어떨까 하는 엉뚱한 생각이 든 것입니다. 좌절을 다루는 기술은 간단하게 설명하면 이렇습니다.

먼저 좌절감에 빠지는 순간 나와 비슷한 좌절을 겪고 있는 사람 다섯 명을 찾습니다. 물론 다섯 명보다 더 많은 숫자라도 좋습니다. 그런 다음 그 다섯 명을 한 사람씩 만나 그들의 이야기에 귀 기울이는 것입니다. 고민이나 갈등은 누가 잘 들어주기만 해도 상당 부분 해소되거나 줄어들 수 있습니다. 털어놓고 이야기를 하는 동안 스스로 풀리거나 해결책을 떠올리기 때문입니다. 들어주는 사람 역시 듣는 동안 자신의 고민이 해결되는 경우를 경험하기도 합니다. '다 겪는 일인데 나 혼자 별나게 호들갑 떨 필요는 없어' 하고 말입니다. 코끼리 역시 단 한 마리만 왕으로 선발되었을 뿐 나머지는 다 들러리가 되었으니까요.

경험 많은 어른과 함께 있으면 안정감과 편안함을 느끼는 것은 상대의 이야기를 잘 들어주기 때문인지도 모릅니다. 좌절을 다루는 어렵지 않은 이 방법은 반복해서 누군가의 좌절한 경험에 귀 기울이고 그를 위로하면서 자신도 함께 위로받는 것이 그 핵심입니다. 그런 위안 속에서 해결책을 모색하는 것이지요.

코끼리에게 좌절 다루는 *기술*을 가르치는 일은 물론

이루어지지 않았습니다. 코끼리의 언어를 알지도 못하는 내가 그들을 위해서 할 수 있는 일이 없었기 때문입니다. 어쩌면 코끼리는 인간인 나를 두려워하거나 경계했을지도 모를 일입니다.

축제가 끝난 다음 날, 자동차를 타고 이동하다가 집으로 돌아가는 코끼리를 봤습니다. 집채만 한 크기였지만 코끼리는 순한 양처럼 주인을 따라 걷고 있었습니다. 얼마나 먼 길을 가야 하는지 모르겠지만 섬의 강렬한 햇빛에 녹아내린 아스팔트 길을 맨발로 터벅터벅 걸어가는 코끼리의 뒷모습이 짠했습니다. 그러나 코끼리가 저렇게 순한 것은 '학습된 무기력' 상태에 빠졌기 때문인지도 모릅니다. 누구나 자신이 통제할 수 없는 상태에 오랜 시간 노출되면 우울증이나 무기력증에 빠지게 되지요. 그때의 심리 상태가 바로 '학습된 무기력'입니다. 우울증 또한 무기력증입니다. 인간에 의해 길들여지는 동안 코끼리는 아마 그런 무기력 상태에 빠졌을 것입니다.

길들인다는 것은 언제나 폭력으로 변할 위험이 있습니다. 상대의 자유를 속박하는 일이기 때문이지요. 길들이기의 유명한 예로 어린왕자의 여우 이야기를 보면, 여우는 '길들여지기 위해선 매일 같은 시간에 오는 것이 중요하다'고 말하지요. '네가 오후 4시에 온다면 나는 3시부터 행복해지기 시작할 것'이라고 말합니다. 그리고 '4시가 되면 마음이 설레어 안절부절못하게 될 것'이라며 여우는 기다림의 아름다움을 강조하고 있습니다. 그러나 안절부절못하는 마음은 아름다운 마음이 아니라 어딘가에 묶여 있는 마음입니다. 묶여 있는 마음은 자유롭지 못합니다. 기다림에 대한 실망감이나 사랑 뒤의 좌절감은 그 때문에 생깁니다. 마음이 거기에 묶여 있기 때문입니다. 묶여 있는 모든 것은 끝이 좋지 않습니다.

축제 또한 마찬가지입니다. 잔치는 화려하지만 화려함 뒤에 숨은 공허함과 허탈감이 좌절을 불러오기도 합니다. 코끼리같이 머리 좋은 동물 또한 마찬가지일 것입니다. 뜨거운 아스팔트 위를 묵묵히 걸어가는 코끼리를 보며 나는 내가 겪었던 좌절감을 떠올렸습니다. 누구나 인생을 살며 수많은 좌절과 부딪히고 슬픔과 허탈감으로 방황하기도 합니다. 그러나 돌이켜보면 그런 경험이 나를 키운 면도 있습니다. 어떤 이는 자기를 키운 건 8할이 바람이라고 했지만 나를 키운 긴 8할이 좌절이었습니다.

좌절이란 쓰라린 경험을 바탕으로 우리는 자신을 더 크게 하는 기회를 만들기도 합니다. 좌절은 건강한 부활의 거름이 될 수도 있습니다.

---

* 학습된 무기력Learned Helplessness은 미국의 심리학자 마틴 셀리그만에 의해 처음 세상에 알려졌다. 통제할 수 없는 상황에 길들여진 나머지 의지력이 모두 상실된 상태가 되어 실제 그 상황을 변화시킬 수 있는 계기가 와도 어떤 시도도 하지 못하고 포기해버리는 무기력한 심리 상태를 뜻한다.

어떤 별똥별

 세상 모든 루저들은 버림받음으로써 자신의 존재를 증명하는 법이야. 빛나는 것들만 자신을 드러낼 수 있는 건 아니니까.

 떨어지면서, 또는 사라지면서 자신을 증명하는 것들이 우주엔 많아. 깜깜한 밤하늘에 길게 꼬리를 그으며 떨어지는 별똥별 좀 봐. 사라짐으로써 별똥별은 세상에 존재를 알리는 것이지.

 모든 것이 공평하다는 말은 아니야. 세상은 절대 공평하지 않아. 공평하지 않음으로써 평등한 것이 바로 세상의 모습이지. 루저가 됨으로써 우리는 비로소 세상이 공평하지 않다는 진리 하나를 몸으로 배우는 거야.

에고와 신기루

나는 이런 사람이야, 라고 하는 것 그게 에고다. 그게 있어 온갖 문제가 일어난다. 에고는 괴로움의 원인이다.

이런 사람이라고 하지만 그러나 당신은 그런 사람이 아니다. 당신은 당신이 믿고 있는 것과 다른 존재라는 말이다. 나는 이런 사람이야, 라고 하는 그 이야기, 그것을 당신은 당신이라 내세운다. 그러나 당신은 당신의 이야기가 아니다. 이야기보다 더 큰 존재다. 이때 크다는 말은 높다는 말과는 다르다. 이야기 너머에 있다는 말이다. 당신이 만든 이야기 너머에 있는 존재가 진짜 당신이다.

'너머'라는 말을 '뒤에'라는 말로 바꾸어도 좋다. 에고의 뒤에서, 마치 배경처럼 에고를 지켜보고 있는 존재, 그게 진짜 당신이다. 크다는 것은 다툼에서 화해로, 보복에서 용서로, 미움에서 사랑으로 확장된 '나'를 가리킨다. 확장된 당신이 진짜 당신이다. 지금까지 당신은 진짜가 뭔지 모르고 살아왔다. 스스로 만들어낸 이야기를 자신이라 굳게 믿었을 뿐.

높은 자리에 있다고 큰소리치는 이들을 보면 한심하다. 많이 가졌다고 으스대는 이를 보면 가엾다. 그는 자리가 자기라고 믿고 큰소리치는 것이다. 가지고 있는 물질을 자기라고 착각해 뽐내는 것이다. 의자는 옮겨서 창고 속으로 넣으면 없어질 뿐 고정된 게 아니다.

자리도 마찬가지다. 옮기면 그 자리는 그 자리가 아니다. 자리는 당신이 잠깐 앉아 있는 의자와 같다. 자리가 당신이 아닌 것이다. 자리는 당신에게 이야기를 만들어줄 뿐 진정한 구원이 아니다. 구원이란 무엇인가? 구원이란 행복을 뜻한다. 이때의 행복은 소유를 말하는 게 아니다. 그것이 자리이건 물질이건 가지지 않은 상태에서 느끼는 행복이 구원이다. 그 외엔 신기루일 뿐이다.

신기루를 본 적이 있다. 고비사막에서 겪었던 일이다. 오아시스가 보인다고 내가 말했다. 나무가 보이고 호수도 보인다고 환호했다. 환호를 들은 안내자는 아무 일도 아니라는 듯 신기루라고 답했다. 빛의 굴절 현상 때문에 생기는 것이 신기루다. 차가운 공기층에서 뜨거운 공기층으로 나아갈 때 빛이 꺾이면서 그런 현상이 발생한다. 빛이 굴절하듯 삶 또한 굴절한다. 굴절하는 삶이 보여주는 신기루 같은 풍경을 우리는 현실이라 굳게 믿고 한 생을 산다.

대수롭지 않다는 듯 바라보는 안내자에게 나는 실체를 확인하고 싶으니 실제로 오아시스가 있는 곳까지 가보자고 말했다. 내 눈앞에 나타난 나무와 호수가 실제가 아니라는 사실을 믿을 수 없었던 것이다. 그는 헛된 일이라고 말했다. 가깝게는 수십 킬로에서 멀게는 수백 킬로 떨어진 곳의 풍경이 저렇게 보이는 것일 뿐 거기까지 갈 수는 없는 일이라고 말했다. 저건 아래위가 뒤집혀서 보이지만 사막 아닌 바다에선 뒤집히지 않은 정상적인 형태의 신기루도 보인다며 그는 내게 속지 말라고 했다.

사막의 신기루처럼 지금까지 나는 굴절된 나를 진짜 나인 줄 속고 살아왔다. 신기루인 줄도 모르고 에고에 속아 여기까지 왔다. 내가 만든 이야기가 나인 줄 알고 어떤 때는 으스대며, 또 어떤 때는 주눅 들며 '나는 이런 사람이야'라는 이야기를 '나'라고 믿어왔다. 층층이 쌓아 올린 이야기로 신기루를 만들면서 그것이 실체인 양 살아왔다. 실제처럼 움직이는 '파타 모르가나'처럼 그것이 전부인 줄 알고 화내고, 기뻐하고, 욕하고, 좌절하며 살아온 것이다.

---

* 파타 모르가나 Fata Morgana: 수평선 위로 보이는 신기루의 한 종류다. 마법 같다고 해서 마녀 '모르가나 르 페이 Morgna le Fay'의 이름을 빌려 파타 모르가나라고 부른다. 복잡한 형태와 급격한 변화를 보여주는 신기루로 바로 눈앞에 있는 듯한 착각을 일으켜 뱃사람들을 유혹한다는 전설이 있다.

원수의 이름 기억하듯

 그와 마찬가지로 나 역시 명사가 생각나지 않는다. 나와 마찬가지로 그녀 역시 알고 있던 이름이 떠오르지 않는다고 푸념한다. 그도, 나도, 그녀도 늙고 있다는 사실을 실감하는 것이다. 멀리 사는 친구는 떨리는 손이 수전증인지 파킨슨병인지 정확하게 알 수 없어 애태운다. 그 때문에 그는 생의 반려 같은 아코디언을 그만뒀다. 손이 떨려 더 이상 건반을 누를 수 없다는 것이다.

 친구와 달리 나는 건반을 볼 때마다 걸어온 인생을 생각한다. 반음만 낮출 수 있었다면 편했을 텐데 반음을 낮추지 못해 어렵게 왔다. 도와 레, 그리고 솔과 라 사이에 있는 반음 키를 누르듯 조금만 숙였어도 쉬웠을 건데. 그러고 보니 직장을 여섯 번이나 옮겼다. 퇴직을 여섯 번이나 했다는 말이다. 내 인생엔 아예 반음을 연주할 수 있는 검은 건반이 없는 것 같다. 도와 레 사이에 있는 반음 대신 실직과 실직 사이에 낀 채 나는 가끔씩 직장을 가지며 살아왔다. 반음 없이 뭔가를 연주하려고 했으니 실직이 체질에 맞는 것이다.

작가도 직업으로 분류되긴 하지만 작가라는 직업은 전업專業이 불가능한 업종이다. 극소수의 선택받은 이들은 열외로 하고, 그 일만으로 먹고살 수 없는 업종이 작가이다. 그래도 희망을 잃지 말고 계속할 수밖에. 이건 내가 하는 소리가 아니다. 위로받을 사람이 오히려 나를 위로하며 중얼거렸던 소리다. 떨리는 손으로 액정 눌러 친구는 스스로를 위로하는 희망의 문자를 보내왔다. '너무 신경 쓰지 마, 어떻게 되겠지.' 문자를 주고 또 문자를 받는 사이 또 다른 친구가 보낸 카톡이 도착한다. '우린 너무 쉽게 헤어졌어요' 전화를 걸면 늘 그 노래부터 들려오는 친구의 톡은 간단하다 '생각났어. 스파게티였잖아. 너나 나나 늙으면 죽어야지.'

오전에 갑자기 전화를 한 그 친구는 고장 난 녹음기처럼 그거 뭐였지, 그거 뭐였지, 를 반복했다. 그거라니 뭘 말하는 거냐? 내가 묻자 그는 다시 그거 있잖아, 포크로 돌돌 감아서 먹는 거 그거 말이야, 라며 답답해 죽겠다는 듯 아, 생각나면 문자 할게, 하고 끊어버렸다. 나는 친구가 말하는 그 포크로 돌돌 말아서 먹는 게 뭔지 대번에 알아차렸다. 문제는 그와 마찬가지로 비주얼은 떠오르는데 이름이 생각 안 나는 것이다. 입술에 맴돌 뿐 생각나지 않는 그 이름을 친구가 드디어 밝혀내어 카톡을 한 것이다.

정작 잊어야 좋을 것은 잊지 못해 속 끓이고, 잊지 말아야 할 것들은 잊어버려 애태운다. 그래도 이름을 까먹는 게 다행이지 달걀을 삶으려다 두 번이나 냄비를 태워 먹었다. 혼자 있는 작업실이라 구박할 사람이 없으니 망정이지 도대체 뭘 생각하며 살아가는지. 도대체 누구를 위해 우리는 종을 울리나? 누구를 위해 온종일 그림을 그리고, 누구를 위해 속 끓이며 나라 걱정을 하고, 누구를 위해 돈 안 되는 글을 쓰고 있나? 건망증 해결을 위한 좋은 가르침이라며 농담하듯 보내온 지인의 글 한 줄을 메모창에 저장하고 암기한다. '무엇인가를 잊지 않고 오래도록 기억하는 방법은 그것에 강하게 저항하는 것이다. 원수의 이름은 죽어도 못 잊듯이.'

말벌에 대한 명상

 무서운 말벌이 작업실 처마 밑에 집을 지었다.

 말벌에게 쏘인 경험이 있는 나는 극도의 경계심을 갖고 벌집 제거에 나선다. 머리를 쏘인 순간 프라이팬 같은 것으로 땅, 하고 얻어맞은 것같이 충격을 받은 기억 때문이다. 충격은 오래 남아 트라우마가 되었다.

 생김새부터 무섭게 생긴 말벌은 꿀벌 집을 공격해 애벌레를 잡아먹는다. 검색해보면 '등검은말벌'이라는 놈은 꿀벌 집단 폐사의 원흉이기도 하다.

 악당으로 알려진 말벌에 비해 귀엽고 작은 꿀벌은 개미와 함께 부지런함의 대명사로 알려진 아이들이다. 자기 몸무게의 50배가 넘는 물건을 나를 수 있는 개미도 놀라운데 꿀벌은 무려 몸무게의 3백 배가 넘는 무거운 짐을 옮길 수 있다고 하니 참으로 대단하다.

 말벌 집을 제거하기 위해 완전무장을 하고, 커다란 우

산 하나를 펼친다. 녀석들이 공격하면 방어하기 위해서다.

사다리에 올라 말벌 집을 제거하는 동안 인간이 벌처럼 날지 못하는 이유는 몸무게도 몸무게지만 머리를 짓누르는 무거운 생각 때문이 아닐까? 하는 엉뚱한 상상을 한다.

무거운 생각은 무엇일까?

무거운 생각은 부정적인 생각이다. 그것은 고민이나 갈등, 불안, 분노, 적개심 같은 것으로 드러나기도 한다. 부정적인 생각이란 우리를 꿀벌처럼 떠오르지 못하게 붙잡아놓는 덫 같은 것이다. 그것은 마치 말벌과도 같아서 희망이나 소망을 물어 죽인다. 개미처럼 부지런하게, 꿀벌처럼 가볍게 떠오르지 못하도록 태클 거는 존재는 인간 세계에도 있다.

말벌 같은 인간을 만나면 어떻게 해야 하나?

피하는 게 상책이다. 세상의 모든 말벌 집을 제거할 수 없듯 현실에서 마주치는 인간 말벌 또한 온전히 제거할 길은 없다.

그렇다면 현실이란 무엇인가?

현실이란 내 주의attention가 가닿을 수 있는 영역을 말한다. 주의가 미치지 않는 곳, 관심이 가지 않는 대상은 내게 현실이 아니다. 우리는 한평생 주의와 함께 살며 주의가 머무는 곳만이 내게 현실이 된다. 삶에서 마주치는 인간 말벌을 피하는 첫 번째 길은 주의를 다른 곳으로 돌리는 것이다. 혐오감을 주는 인물, 자기만을 생각하는 이기적인 인간, 타인에게 피해를 주면서도 미안한 줄 모르는 인간은 모르는 척 피하는 것이 첫 번째 길이다.

그러나 주의를 다른 곳으로 돌릴 수 없는, 막다른 골목 같은 상황과 마주치면 어떻게 해야 하나?

그럴 때를 대비하여 우산을 준비해야 한다. 말벌을 막듯 자신을 방어할 커다란 우산을 준비해야 한다. 우산은 결코 공격용이 아니다. 그것은 방어가 목적인 자기 보호 수단이다. 사람에 따라 그 우산은 공인된 실력일 수도 있고, 강한 자신감일 수도 있고, 유연한 처세 능력이나 돈, 그리고 육체적 파워일 수도 있다. 그러나 또 다른 한 가지, 명상을 배우고 실천하는 일 또한 우산이 될 수 있다.

여러 말로 정의할 수 있지만, 명상은 지금의 나를 바로 보고, 자신의 배경으로 묵묵히 존재하는 더 큰 나를 알아차리는 일이다.

명상을 통해 확장되는 자아의 특징이란 그런 것이다. 확장된 나를 통해 인간 말벌을 분별없이 포용하는 힘을 얻거나, 아니면 인간 말벌인 상대와 그 상대에게 저항하는 나를 제대로 알아차리며 그것들로부터 간격을 두는 일이 명상을 통해 할 수 있는 일이다. 제대로 된 명상은 현실을 바꾸는 힘으로 작용한다. 알아차림은 우리가 현실이라고 믿고 있는 많은 것을 새롭게 인식하도록 하는 힘이다.

알아차림을 통한 명상은 마음이 산란한 사람에게도 도움이 된다. '마음이 산란한 사람은 번뇌의 송곳 사이에 머물게 된다'는 말이 있다. 이때 마음이 산란하다는 것은 주의력이 산만해졌음을 뜻하며, 그것이 곧 스트레스 상황이다. 생각이 많아 마음이 산란한 사람은 쉽게 잠들 수도 없다.

마음의 송곳으로부터 벗어나 스스로 내 인생의 주인이 되는 것이야말로 삶이라는 드라마의 가장 큰 주제이며 목적이다.

주인이 된다는 말은 무엇인가?

주인이 된다는 말은 대상에 반응하는 자신을 알아차

린다는 말이다. 감정과 욕망의 노예가 되어 무의식적으로 화내고 탐하는 어리석은 행위에 빠지는 것을 멈춘다는 말이다.

자기 몸무게의 3백 배나 되는 큰 짐을 옮길 수 있는 힘 센 꿀벌도 말벌에게 잡아먹힌다. 그러나 그런 말벌 집을 제거하는 힘을 가진 인간이 자신이 주인공인 드라마에서 행인A나 행인B 같은 엑스트라에 불과한 인간 말벌 때문에 불행할 이유는 없다. 우리는 무대 위의 소품도 아니며 무대장치도 아니다. 각자의 드라마에서 우린 모두 감독이며 동시에 주연배우다. 인생은 기적이기도 하고 우연이기도 하지만 한낱 소품처럼 자신을 대우하는 사람에게 그것은 예정된 불행일 뿐 아무것도 아니다.

벌집을 제거하자 안식처를 잃은 말벌들은 처마 밑에 붙어 있거나 근처를 날아다니다가 어디론가 뿔뿔이 흩어지고 보이지를 않는다.

세상의 알레르기

 덥다가 서늘하다가 멀리 산골엔 눈까지 퍼붓는 이상한 계절이다. 꽃가루 알레르기로 고생하는 사람, 느닷없는 냉기에 비염으로 고생하는 사람, 이런저런 작거나 큰 일로 인생은 늘 알레르기를 만들어낸다.

 나 또한 찬 바람만 불면 콧물이 쏟아지는 알레르기 때문에 힘들었던 적이 있다. 세상은 그렇게 각양각색의 사연들로 얽혀 있는 모자이크처럼, 또는 간신히 끼워 맞춰제 모양을 찾는 퍼즐처럼 조립되고 유지되는가 보다. 지중해의 성자라고 불리는 영성가 다스칼로스의 전기를 읽다가 '악마가 천사보다 훨씬 더 인간적'이라는 문장을 발견한다.

 '치유는 천사의 일이지만 천사와 악마는 서로 적대적인 관계가 아니라 협조하는 관계'라는 다스칼로스를 읽다 보면 천사와 악마라는 개념은 인간에게 선과 악을 대비시키기 위해 고안된 장치 같다는 생각을 하게 된다.

악의 목적이 선의 뜻을 더욱 선명하게 드러내 보이기 위한 것이라면, 악이란 선을 위해 필수불가결한 것이란 말인가?

살다 보면 정말 악하구나! 하며 감탄사 아닌 감탄사를 내뱉게 하는 인물과 만날 때가 있다. 악마가 있다면 바로 저런 사람이구나, 라며 두려움을 갖게 하는 존재.

'악마가 천사보다 훨씬 더 인간적'이라는 다스칼로스의 말은 혹시 그만큼 인간이 선보다 악에 더 물들어 있다는 말일까?

그래도 세상엔 아직 착한 사람이 더 많다는 넋두리 같은 말을 들어봤을 것이다. 점점 더 그 말이 진실로 넋두리에 불과한 것이 아닌가 하는 생각이 드는 요즘이다. 너무 착하거나 너무 순진해서 사람들은 제대로 악을 인식하지 못하고 있는 것일까?

그런데 '착하게'와 '바르게'는 같은 말인가 아닌가? 착하게 살면 바르게 사는 길이고, 바르게 살면 그것이 또 착하게 사는 길인가?

정의는 승리한다거나 진실은 언젠가 밝혀진다, 라는

식의 상투적인 말씀이 꼰대 같거나 공수표처럼 느껴지는 게 현실이다. 누가 아이들에게 착하게 살아야 한다, 또는 바르게 살아야 한다는 투의 어리석은 말을 할 수 있겠는가. 이 세상에 온 것이 행운인지 불운인지 알 수 없지만 부디 당하지만 말고 살라고 가르치는 세상이다.

상사화 질 무렵

 어찌 안 오시나 싶던 상사화가 폭우 쏟아진 뒤 뜨락에 만발했다.

 한 달 전 무성하게 자란 풀을 보다 못한 친구가 예초기를 빌려와 마당을 통째로 평정한 적이 있다. 평생 건설회사에서 집 짓고 정원 만드는 일을 했던 친구에겐 어지러운 뜨락이 눈에 거슬린 것이다. 필 때가 되었는데도 안 피는 상사화가 그때 친구의 예초기에 베여 다 잘려 나간 줄 알았다. 상사화까지 다 날려버린 모양이야, 라고 불평하자 친구의 답은 어, 미안하다였다. 너 따라 여기 와서 이사도 못 가고 우린 망했어, 라고 해도 어, 미안하다가 그의 답이었다. 그나 나나 집을 옮기려 해도 턱없이 올라 버린 근처의 집값 때문에 엄두를 못 내고 눌러앉은 세월이 어언 30년이다. 한 곳에서 30년을 살았으니 아이들에겐 이곳이 거의 고향이다.

파주에 작업실을 얻은 것도 그 때문이다. 집과 멀지 않은 곳이니 다니기 쉽고, 이제 서울 나갈 일도 없으니 길 안 막히는 이곳이 딱 좋은 것이다. 마당이 넓어 여기저기 나무와 꽃을 심으려 했던 계획을 다 이룰 필요는 없었다. 먼저 살던 분들이 웬만한 꽃나무는 다 심어놓은 것이다. 봄이면 붉게 피는 명자꽃과 분홍빛 모과꽃, 생강꽃처럼 노랗게 피는 산수유는 빨간 열매를 매단 채 겨울을 난다. 물론 가장 먼저 피는 꽃은 여기도 매화다. 제법 큰 매화나무가 있다는 사실 하나로 덜컥 계약을 했던 6년 전이 생각난다.

상사화는 수선화과에 속하는 꽃이다. 이름 그대로 꽃과 잎이 서로 다른 계절에 피어서 한 몸이면서도 서로 만나지 못하는 애틋함이 있다. 꽃말도 그래서 '이룰 수 없는 사랑'이다. 꽃말은 대체 누가 짓는 것인지 잘도 짓는다. 쭉쭉 뻗은 꽃대 위에 덩그러니 꽃 한 송이가 올라앉은 상사화를 보면 이룰 수 없는 사랑의 책임은 꽃이 아니라 잎이 져야 할 것 같다는 생각이 든다. 저렇게 높은 곳에 올라앉아 찾아도 안 보이는 잎이 야속하기 때문이다. 꽃 앉기 전에 그것이 상사화인 줄 알아차릴 사람은 많지 않다. 예초기에 잘려 나간 줄 알았던 것도 그 때문이다. 무성하게 자란 잡초 속에 섞여 있는 잎을 누가 알아보겠나. 그러나 뻗어 나온 꽃대는 비 그치자 단숨에 허공 위로 자신의 존재를 드러냈다. 쏟아지는 폭우 때문에 요 며칠 제대로 마당에 나와보지 않은 탓이다.

서로 만나지 못해 안타까운 사연은 상사화뿐이 아니다. 처음 파주에 와서 여기저기 유적지를 찾아다니던 때 연천까지 달려가 '재인폭포'를 만났다. 굽이굽이 얼어붙은 한탄강과 고구려 유적에 반해 달리던 길 끝에 폭포가 나온 것이다. 재인才人이라는 이름 그대로 폭포엔 재주 있는 한 광대에 얽힌 슬픈 전설이 숨어 있다. 아득한 옛날, 용암이 식으면서 만들어진 현무암 절벽 아래 떨어지는 물줄기는 몇 번을 거듭 봐도 서늘하고 아슬하다. 아래로 내리꽂히는 물줄기를 보며 나는 만발한 상사화가 폭포를 타고 승천하는 상상을 했다. 상상은 폭포에 얽힌 전설로부터 비롯된다.

재인폭포 근처 마을에 살던 광대 부부의 비극이 담긴 그 전설은 상사화만큼이나 애틋한 비련悲戀을 이야기하고 있다. 그때나 지금이나 권력을 가진 이는 사악한 것인지 재인폭포의 전설을 듣는 순간 누구나 얼른 떠올리는 인물이 하나쯤은 있을 것이다. 악인은 언제나 존재하고 사악한 탐관오리는 어쩌면 지금이 더 많을지도 모른다. 전설에 따르면, 광대의 아름다운 부인에게 욕심을 품은 마을의 사또는 계곡에 줄을 매달아 광대에게 그 줄을 타라고 명령한다. 줄타기에 집중하는 사이 사또는 줄을 끊어 광대를 폭포 아래로 떨어트려 목숨을 잃게 한다. 부인이야 말할 것 있겠나. 정절을 지키기 위해 스스로 목숨을 끊었지. 전설은 그렇게 해야 전설이 되는 법.

상사화의 쭉 뻗은 꽃대 앞에 서거나 꽃대 위에 앉은 아름다운 꽃을 볼 때마다 나는 광대와 그의 아름다운 부인을 떠올린다. 미인박명美人薄命이란 말이 있지만 이 경우는 재인박명才人薄命이기도 하다. 막강하던 더위가 힘이 빠지고, 상사화가 지고 나면 꼭 재인폭포에 간다. 비록 전설이라 할지라도 억울하게 죽은 이의 넋을 위로해 폭포 위에 꽃 한 송이 띄워놓고 싶은 것이다.

천국에서 온 편지

사랑하는 부모님 보세요. 창밖의 하늘이 눈부시게 파랗군요. 아무것도 없는 하늘이 저렇게 아름다울 수 있다는 사실을 이제야 알았어요.

두 분의 희망을 꺾어놓는 게 죄스러워 말 못했지만 남은 날이 얼마 되지 않는다는 사실을 난 알고 있어요. 의사 선생님도, 간호사 언니도 물론 알고 있는 일이지요.

그 사실을 모르는 건 아마 부모님뿐일 거예요. 그건 두 분이 나를 너무 사랑하기 때문에 그런 것이겠죠. 사랑은 자기가 거부하고 싶은 현실을 애써 외면하려는 속성이 있으니까요. 사람들은 세상 모든 사람이 죽어도 내가 사랑하는 사람만은 죽지 않을 것이라는 믿음을 가지고 있기도 해요.

아빠와 엄마도 아마 그런 생각이겠지요. 엄마는 지금쯤 내가 세상에서 사라져 버렸다는 사실이 믿어지지 않아 펑펑 울고 계시겠지요.

 울지 마세요, 엄마 그리고 아빠. 이렇게 편지를 쓰는 것도 두 분이 너무 슬퍼하지 않았으면 하는 바람 때문이에요. 두 분에게 미안하다는 말과 감사하다는 말을 함께 전하고 싶어요.
 그동안 고마웠습니다. 더 이상 두 분을 위로할 수 없는 저를 생각해서라도 그만 눈물을 그치세요. 눈앞에 제가 없다 해도 그동안 제게 주신 사랑이 가슴에 남아 있잖아요. 저도 그 사랑을 가슴에 안고 있을게요. 눈을 감으면 아빠의 눈 속에, 엄마의 눈 속에 제가 있을게요. 슬픔이 밀려올 땐 아빠의 가슴에, 엄마의 가슴에 제가 있을게요.

 병실에 있는 동안 제가 봤던 세상은 예전의 세상이 아니었어요. 한 송이 꽃이 그렇게 아름답다는 사실을, 한 줄기 햇살이 그렇게 따사롭다는 사실을 처음으로 느꼈어요. 세상 모든 것들이, 하찮게만 여기던 그 작은 생명들이 저마다 하나하나 얼마나 소중한지를 그제야 깨달았어요. 예사로 하던 약속이나 말 한마디가 얼마나 귀중한 것인지를 이제야 알았어요.

　세상이 이렇게 아름답다는 사실을 깨달은 것만으로도 저는 행복한 아이예요. 두 분으로부터 그렇게 많은 사랑을 받을 수 있었다는 것만으로도 저는 행운아였어요. 골수까지 제공하며 함께 고통을 나눈 동생이 있다는 사실 하나만으로도 나는 충분히 행복한 사람이에요.

　선재에게도 울지 말라는 말과 함께 고맙다는 인사를 전하고 싶어요.

　울지 마, 선재야. 누나가 원하니까. 넌 언제나 누나가 원하는 건 다 들어줬던 착한 동생이니까. 누나가 네가 슬퍼하는 걸 원하지 않으니까 넌 슬픔에서 금방 벗어나야 해.

　친구들에게, 그리고 내가 사랑했던 모든 분들에게도 다 사랑한다고, 내 몫만큼 더 건강하고, 내 몫만큼 더 아름답고, 내 몫만큼 더 값있게 살라고……

***

　울지 말라고 썼지만 아이도 그쯤에선 울고 있었습니

다. 눈물이 떨어져 편지는 자국이 나 있었고, 더 이상 계속하기 힘들었던지 글씨는 이리저리 비틀거리고 있었습니다. 세상 떠난 뒤 집으로 이 편지를 보내달라는 아이의 부탁에 간호사도 눈물 감추기가 힘들었습니다. "천국에 간 제가 보내는 편지라고 여기면 엄마, 아빠도 위로를 받으실지 몰라요." 모든 걸 받아들인 아이는 슬픔 속에서도 부모님 걱정을 했습니다. 나이답지 않게 의연하던 그 모습 떠올리며 간호사는 아이가 운명하자 곧 우체국으로 가 적어놓은 집 주소로 편지를 부쳤습니다.

천사

천사가 있다고 믿는 너를 보며
그랬으면 좋겠다고 생각한다.
천사가 있었으면 좋겠다.
내가 갈 때, 그리고 마침내 너 또한 따라올 때
우리를 지켜주는 존재가 있었으면 좋겠다.
고단하고 아름다운 꿈을 꾸고 돌아가는 그곳에
천사가 있어서 반겨주면 좋겠다.

다시 살아 볼 수 있다면

 창밖에서 우는 벌레 소리가 달라졌다.

 무대가 바뀐 것이다. 무대가 바뀌자 노래하던 가수도 목소리 바꿔 다른 이가 출연한 것이다. 머지않아 초가을은 늦가을로 차를 갈아탈 것이다. 푸르던 들판은 황금빛으로 바뀌고 철새떼의 비행을 지켜보며 임진강은 머지않아 다가올 결빙結氷의 시간을 기다릴 것이다. 계절이 풍경을 갈아치우는 것이다. 이팝꽃 만개하던 길은 곧 단풍으로 물들겠지. 쭉쭉 뻗은 저 길은 화려함 뒤에 오는 추락을 감당할 수 있을까? 추락의 쓰라림을 감내할 수 있을까?

 추락이라는 단어 뒤에 떠오르는 문장이 있다. 우리에게 잘 알려진 오스트리아의 시인 잉에보르크 바흐만은 '추락하는 모든 이에게는 날개가 있다'라고 썼다. 시 속에서 그녀가 말하는 날개는 아마 추락을 통해 새롭게 비상飛翔하는 희망을 상징하는 것이겠지만, 추락이 비상만큼 아름다울 수 있는 것인지 아닌지 나는 모른다. 추락하는 것은 아름답지 않다. 추락을 거듭한 사람들은 알고 있을 것이다. 결코 그것이 아름답지 않다는 사실을.

추락은 아름다운 것이 아니라 쓰고 아픈 것이다. 그것이 아름답다는 말은 더 높이 반등한 사람만이 할 수 있는 말이다. 노력도 노력이지만 그러나 반등이란 운이 좋은 것이다. 운이 좋아 늘어뜨린 추락의 꼬리를 잡고 기어 올라간 것이다.

추락 뒤에 반등해본 적이 없다. 추락은 추락일 뿐 증시의 주가처럼 반등하는 것이 아니다. 그러나 추락이 배울거리를 제공한다는 말은 맞다. 추락엔 학습의 여지가 있다는 말이다. 추락을 통해 배우지 못한 삶은 후회를 통해 반성하지 않는 것과 같다. 반성이 없는 삶은 언젠가 추락한다. 그때의 추락에는 날개가 없다. 후회 없는 삶을 살았는지 묻는다면 뭐라고 답할 것인가? 그건 좀 생각해봐야겠다. 후회할 것이 너무 많아서. 그러나 다시 살 수 있다면 어떻게 살 것인지 묻는다면 이번 생에 걸었던 길을 다시 또 걷겠다고 답하겠다. 시행착오외 이번 생을 바로잡고 싶으니까.

다시 그 직장에 들어가면 잘할 수 있을 것 같다. 다시 그 상황과 만나면 잘할 수 있을 것 같다. 다시 위기와 만나면 잘 넘어갈 수 있을 것 같다. 그러나 수없이 다시를 반복한다 해도, 다시 해도 잘할 수 없을 것 같은 일도 있다. 다시 그 사람을 만나면 잘할 수 있을 것 같은가? 아니, 라고 강하게 부정하는 마음이 긍정을 앞지른다. 다시 만나도 싸우다가 헤어질 사람, 다시 만나면 따질 것이 많은 사람, 다시는 안 보고 싶은 사람이 너무 많다.

조금씩 기온이 떨어지고, 풀섶엔 달맞이꽃이 피고 있다. 노랗게 얼굴 내민 저 꽃들은 추락을 아는 걸까? 개화와 낙화가 커다란 원 안에서 교차되고 순환되는 것을 알고 있는 것일까? 모였던 것들은 반드시 흩어지고, 사랑했던 것들은 반드시 이별하는데 꽃들의 낙화는 추락이라고 불러야 하나 운명이라고 불러야 하나?

운명 앞엔 예외가 없다. 그것을 거역할 수 있는 힘은 어디에도 없다. 백일홍이 지고, 다시 달맞이꽃이 피다가 지고 마는 그 사이, 그 짧은 시간의 간격처럼 삶과 죽음의 간격도 그다지 큰 것은 아니다. 추락과 비상 사이에 낀 인생처럼 가을과 겨울 사이에 낀 풍경들이 낙엽과 서리를 준비하고 있다. 다시 꽃 피는 날이 찾아오면 추락을 마냥 피해야 할 대상으로만 여기진 않아야겠다. 소멸이 있어야 부활이 있고, 낙화가 있어야 개화가 있을 수 있기 때문이다. 가을의 낙화와 겨울의 긴 침묵을 통해 새싹이 움트고, 얼어붙은 언덕 넘어 봄이 꽃비를 뿌리며 올 것이기 때문이다. 추락을 통해 인간은 비로소 겸손과 손잡게 된다.

백조의 노래

겨울이면 찾아오는 백조를 보기 위해 팔당까지 가던 때가 있었다.

백조는 죽을 때 단 한 번 운다는데 정말 그렇게 단 한 번 우는 건지 알 수 없지만 무리 지어 백조들은 자맥질을 하기도 하고, 날개를 편 채 푸드덕거리며 수면 위를 달려가기도 했다.

장거리 여행을 하며 날아온 뒤라 때를 탄 건지 녀석들 모두가 새하얗진 않았다. 하얀 깃털로 치장된 몸체와 달리 자맥질을 하느라 수면 위로 새까만 발만 드러내고 있는 모습은 동화 속 장면처럼 아름답기보다 우스꽝스럽기까지 했다. 어쩌다 꽥꽥거리며 싸우는 모습은 유연하게 물 위를 떠다닐 때의 우아함과는 백팔십도로 다르다.

화나면 백조도 사납구나.

그러나 백조의 순결한 모습은 예술가들에게 많은 영감

을 주었다. 슈베르트가 죽은 뒤 그가 남긴 유작들을 모아 '백조의 노래'라는 가곡집을 만든 것도 그 때문일 것이다. 죽을 때가 되어서야 단 한 번 울음소리를 낸다는 백조에 대한 속설과 슈베르트의 죽음이 모티브가 되어 아마 유작집에 그런 제목이 붙었을 것이다. 제목이 아니라 직접적으로 백조를 소재로 작곡된 음악으로는 생상스의 '동물의 사육제'에 나오는 백조가 있다. 첼로를 위한 독주곡처럼 따로 떼내어 연주하기도 하는 백조는 많은 첼리스트들의 사랑을 받는 소품이다. 차이콥스키의 발레 음악 '백조의 호수' 또한 빼놓을 수 없다. 무용곡 '백조의 호수'를 떠올리면 음악과 함께 영상으로 본 한 노인의 춤사위가 따라서 떠오른다. 나도 모르게 눈물까지 흘렸던 그 영상의 주인공은 마르타 곤잘레스라는 이름의 치매 걸린 노인이다.

그냥 평범한 노인으로 보였지만 그녀는 1967년 뉴욕 발레단이 공연한 '백조의 호수'에서 오데트 공주 역할을 했던 발레리나였다. 그 시절, 잘나가던 무용수였던 그녀가 마치 마법에 걸려 백조가 된 오데트처럼 치매라는 현대판 마법에 걸려 휠체어에 앉은 채 등장한 것이다. 놀라운 일은 기억도 온전치 못한 그녀에게 음악을 들려주자 춤을 추기 시작했다는 사실이다. 물론 오데트의 춤이었다. 휠체어에 앉은 그녀가 팔과 상체의 동작만으로 섬세한 춤사위를 계속하는 동안 감동에 휩싸여 나는 전율했다.

망가진 뇌가 기억하지 못하는 것을 그녀의 몸이 무의식적으로 재생한 것이다. 머리가 잊어버린 것을 몸이 기억해낸 것이다. 휠체어에 앉아 팔을 움직이며 상체만으로 춤추던 그 모습은 세월과 질병에 밀려 사라진 그녀의 젊은 영혼이 환생이라도 한 듯 착각을 일으켰다. 그것은 먼 길 날아와 때 묻은 백조나 버둥거리며 싸우는 사나운 백조의 모습이 아니었다. 망가진 뇌와 다 늙어 주름뿐인 얼굴이었지만 그 모습은 우아하게 호수 위를 떠다니는 순결한 백조였다.

음악과 달리 백조와 연관된 또 다른 이야기로 인도의 베 짜는 직공織工이던 까비르의 시 또한 빠트리고 싶지 않다.

까비르라면 '물속의 물고기도 목말라 한다'는 그의 시가 생각난다. 시 속의 물고기가 물속에 있으면서도 갈증을 느끼듯 우리 또한 눈앞에 찾는 것을 두고도 알아보지 못해 헤매는 어리석은 삶을 살고 있진 않을까?

  마치 세상을 다 알고 있는 것처럼 살아가지만 세상은 우리에게 미지일 때가 많다. 아는 것을 기지旣知라 하고, 모르는 것을 미지未知라고 하지만 우리는 사실 미지의 세계에 대해 동경보다 두려움을 품는 경우가 많다. 죽음도 그런 것 아닐까? 기지의 세계가 아니라 미지의 세계이기 때문에 두려움이 앞서는 건 아닐까? 가보지 않은 곳, 모르는 것에 대한 두려움은 마음을 위축시키고 그것과 정면으로 마주 서는 것을 망설이게 하지만 모든 미지는 언제나 기지와 이어져 있다. 살아가는 매 순간 우리는 기지에서 미지로 나아가는 것이다.

  죽음이 두려움의 대상이 아니라 새로운 세계를 향해 나아가는 것이라 여겼던 까비르는 자신의 몸을 입고 있는 옷에 비유한 시 한 편을 남긴 뒤 세상을 떠난다. 우리는 한평생 육체라는 옷을 입고 그것에 매여 산다. 죽음이 다가오면 우리는 정말 헌옷 벗어 걸어놓고 어디로 가게 되는 걸까? 인도인들이 옷처럼 몸에 두르는 스카프나 숄 같은 천인 차다르chadar가 등장하는 이 시의 마지막 구절은 세상 떠나는 영혼을 날아오르는 백조에 비유하며 끝난다. 백조가 등장하는 이 번역이 맞다면 슈베르트의 유작집처럼 이 시 또한 백조의 노래라고 불러도 좋을 것 같다.

나는 차다르를 조심스레 입었네.
흠 하나 남기지 않고 이 옷을
원래 있던 그 자리에 놓아두네.
오, 백조여 홀로 날아올라라.

은발

황혼을 따라 무작정 걷다가 돌아오니 손님이 기다리고 있다.

청하지도 않았는데 찾아왔으니 불청객이다.

문을 따고 들어와 어느새 의자에 올라앉은 작은 생명체.

귀여운 그 모습이 친구라도 되는 양 말 걸어본다.

넌 어디서 왔니? 어느 별에 살다가 여기까지 온 거니?

푸른 옷을 걸친 불청객은 가을을 타는 건지 대답이 없다.

사람이 그리워 여기까지 왔구나.

손가락 내밀자 가볍게 튀어 올라 식탁 위로 달아나는

장대가 없어도 높이뛰기 선수인 이 아이는 공기처럼 가볍다.

그렇지. 함부로 사람을 믿어선 안 되지. 사람이 아름답다는 말은 옛말이야.

불청객을 내보내기 위해 문을 열고, 눈밖에 있는 가을

로 그를 유혹한다.

여긴 네가 살 수 있는 곳이 아니란다. 이제 얼마 남지 않은 저 초록의 숲으로 가거라.

그러나 녀석은 이리저리 뛰어 달아날 뿐

놓아주려다가 그만 녀석의 긴 다리 하나를 부러뜨렸다.

이렇게 약한 생명체라니. 자연으로 돌려보내기 위해 기울인 노력이 폭력이 된 셈이다.

그렇구나. 지나친 사랑이 스토킹이 되듯 선의도 때로는 악의와 다르지 않구나.

나의 진실이 그에겐 재앙인 것이다.

절뚝이며 여치는 초록 속으로 사라지고,

문 앞에 기댄 채 나는 오래전 받은 편지를 마음으로 읽는다.

'우리는 다 얼마간의 거짓말을 하고 삽니다. 당신이 진실만을 말한다면

당신은 이내 당신을 미워하는 사람들로부터 공격당할 것입니다.

백 명의 사람이 모이면 백 명의 진실이 다르고, 천 명이 모이면

그 천 명은 조건에 따라 적이나 아군이 되어 갈라질 것입니다.'

어디로 가는지도 모르는 가을이 액자 속 그림처럼 붉고 푸른데

어쩌자고 코스모스는 저렇게 흔들리고 있는가.

지난봄, 흩날리는 벚꽃 속을 달리다가 멈춘 자동차 속에서

액정 속 문자 눌러 하고 싶었던 말을 이제야 한다.

봄 같은 세월 다 보내고, 이제 우리는 은발의 가을이지만

젊은 날, 당신이 얼마나 아름다웠는지 기억하고 있느냐고.

별이 빛나는 밤

"타라스콩이나 루앙에 가려면 기차를 타야 하는 것처럼, 별까지 가기 위해서는 죽음을 맞이해야 한다."

별이 빛나는 밤, 하면 떠오르는 화가 고흐의 말이다. 그러나 죽음을 맞이하기 전 그가 남긴 명작 '별이 빛나는 밤'을 원화로 보기 위해서 우리는 모마MoMA까지 가야 한다. 모마는 뉴욕에 있다.

별까지 가기 위해서는 죽음을 맞이해야 한다는 고흐의 글을 떠올리며 나는 한 일본인 영능력자에게 죽으면 정말 다른 별로 갈 수 있는 것이냐고 물었던 적이 있다.

그의 대답은 고흐와는 달랐다.

잠깐 숨을 고른 뒤 그는 내게 '지금까지 죽어서 다른 별로 간 사람은 본 적이 없다'고 대답했다. 물론 그는 일본말로 답했고, 나의 한국어와 그의 일본어를 통역해준 사람은 따로 있었다. 영성적인 주제로 모인 한 워크숍에서의 일이다.

그 영능력가에 의하면, 죽어서 다른 별로 갈 수 없는 이유는 지구의 카르마가 너무 강력해서 그렇다는 것이다. 지구에 사는 생명들의 업장業障이 크고 두텁다는 말이기도 하지만 지구를 하나의 거대한 생명체로 보는 관점에서 그 생명체가 가지고 있는 업의 에너지가 너무나 견고해 누구도 그것을 벗어날 수 없다는 것이 그의 말이다.

아를에서 고흐가 본 별은 마치 폭죽처럼 터지며 소용돌이치고 있다.

론강에서 그린 별도 마찬가지다. 그가 남긴 또 다른 명작 '밤의 테라스'에서도 별은 소용돌이치고 있다. 그런 고흐의 소용돌이를 '대기난류'의 수학적 구조를 직관적으로 묘사한 것이라고 말하는 물리학자들도 있다. 그림에 대한 그들의 과학적 해석이 맞는지 아닌지는 모르겠다. 매 순간 격정에 휩싸이며 정신적 소용돌이에 몰리고 있던 고흐는 스스로 목숨을 끊을 정도로 불안정했다. 따라서 그가 바라본 별 또한 그런 격정 속을 소용돌이치고 있었겠지.

어제 3500원을 주고 사 온 히아신스가 봉오리를 열고 꽃을 피우고 있다. 향기 나는 생명의 값을 나는 3500원이라는 헐값으로 지불했다. 생전에 색깔 있는 그림이라곤 단 한 점밖에 팔지 못했던 고흐를 떠올리며 나는 작업실 벽에 걸린 내 그림값을 히아신스의 몸값과 비교해 정하기로 한다. 일년초라 해도 무방할 화병 속 저 꽃의 수명에 비해 벽 위에 걸린 내 그림의 수명은 얼마나 될까?

인생은 짧고, 예술은 길다는 말도 사실은 행운을 얻은 명작에 한정된 것일 뿐 대부분의 예술은 작가의 삶과 함께 그 수명을 다한다. 작가가 사망하면 작품은 처리해야 할 유품, 헌옷이나 일용품같이 일종의 쓰레기 취급을 받으며 불태워지기 쉽다. 인생도 짧고 예술도 짧은 것이다.

그러나 생전에 불운한 화가였지만 고흐는 그 점에선 달랐다. 세상 떠난 뒤 그에겐 생전에 얻지 못한 행운이 파도처럼 밀려온 것이다. 그리하여 인생은 짧고, 예술은 길다는 말은 고흐에게 적중한 예언이 된다. 그러나 적중한들 무슨 소용인가? 사람은 가고 없는데, 모든 영광은 살아 있는 이들의 몫일 뿐 당대에 불운한 예술가는 영원히 불운한 예술가일 뿐이다.

이제 걸어가던 세월은 뛰어서 가고, 뛰어가던 세월은 날아서 간다. 어디가 목표인지 모르겠지만 시간은 무섭게 속도를 낸다. 때로 그것은 폭주 기관차 같거나 초음속 스텔스기 같다. 미쳐버린 저 시간을 멈추게 하는 방법은 없을까? 가속도 붙은 시간을 멈추게 하는 방법은 나 스스로 멈추는 것밖에 없다.

내 앞에 펼쳐지는 현실을 분주함에서 고요함으로 바꾼다. 그것은 내 앞에 놓여 있는 많은 현실 속에서 고요함과 정지된 현실을 선택한다는 말이다. 눈앞에 수많은 현실이 펼쳐지고 있지만 알고 보면 우리는 언제나 자신의 의식 상태에 걸맞은 현실만을 선택하며 살아왔다. 자신의 의식 상태, 의식 수준에 맞춰 시간의 속도가 달라진다는 말이다.

내려놓는다는 말이나 마음을 비운다는 말은 아마 그런 뜻일 것이다. 고요하고 정지된 현실을 선택한다는 것이 곧 그것이니 그것은 욕망의 삶으로부터 멀어진다는 말과 다르지 않다. 격정 속에서 고흐의 별은 소용돌이치지만 모든 것으로부터 한 걸음 비켜선 이들에게 별은 가끔 꿈속에서나 빛날 뿐 폭죽처럼 터질 일이란 없다.

가을과 겨울 사이

 그렇게 간절했는데 언제 그랬냐는 듯 무심해지는 때가 온다. 그렇게 안타까웠는데 그땐 왜 그랬을까 의아해지는 시간도 온다. 무심코 지나쳤는데 지워지지 않고 한 번씩 떠오르는 장면도 있다. 다시는 생각나지 말고 잊혔으면 하는 일도 없는 건 아니다.

 슈베르트는 매일 밤 잠들 때마다 다시는 눈뜨지 않기를 소망했다고 한다. 슬픈 음악을 쓰면서도 그는 '슬픔이 정신을 강하게 만든다'는 말을 남기기도 했다. 다시는 눈뜨지 않기를 바라던 소망대로 그는 31세라는 젊은 나이를 끝으로 더 눈뜨지 않았다. 삶이란 그에게 아마 행복한 경험이 아니었을 것이다.

 겨울이 오면 늘 슈베르트의 '겨울 나그네'를 듣는다. 가을이면 러시아 로망스를 찾아 안나 게르만이 부르는 '가을의 노래osennyaya pesnya'를 듣고, 봄에는 조동진의 '제비

꽃'을 따라 부른다. 계절에 따라 찾는 음악이 달라지는 것은 선곡을 직업으로 삼던 젊은 날의 루틴에서 비롯되었다. 음악방송 피디를 하다 보면 바뀌는 계절 따라 선곡도 달리하는 것이다.

클래식 음악만 듣는다거나 재즈에 빠져 그것만 편애하는 고집 같은 건 내게 없다. 인간관계도 마찬가지이다. 시를 쓰지만 시 쓰는 일을 대단한 것이라 여기지 않고, 그림을 그리지만 그림 그리는 재주를 특별한 것인 양 내세우지 않는다. 콧대 높은 예술가보다 찬 바람 불면 한 마리에 700원 하는 붕어빵을 팔기 위해 밀가루 반죽을 만지는 지인의 인간미를 더 좋아하고, 위작도 수억 원에 거래하는 세계적인 화가보다 70세 넘어 그림을 시작한 늦깎이의 색연필 그림을 더 좋아한다. 젊디젊은 나이에 요절한 슈베르트의 음악을 좋아하는 것도 슬픔을 감싸고 있는 따뜻한 멜로디 때문이다. 생전에 남긴 편지나 일기를 통해 슈베르트는 자신이 '슬픔 속에서 만든 음악이 세상을 즐겁게 할 것'이라 밝힌 바 있다.

그러고 보니 슈베르트나 안나 게르만 두 사람 다 젊은 나이에 요절했다. 안나 게르만의 노래를 만추에 듣는 일이 내겐 마치 가을과의 작별 의식인 듯 느껴지는 것도 어쩌면 그 때문일지 모른다. '가을의 노래'를 듣다가 문득 러시아 로망스가 수록된 음반을 낸 한 첼리스트와 메시지를 주고받던 생각이 난다. 어린 시절 이미 교향악단과 협연하기도 했던 재능 있는 연주가인 그녀는 어려움을 겪던 한때, 내가 쓰던 첼로를 빌려 썼던 적이 있다. 재능 없던 나는 첼로를 그만뒀고, 빈에서 공부한 그녀는 지금까지 전문 연주가의 길을 걷고 있다. 러시아에서 레코딩한 그녀의 음반이 5만 장이나 판매되었다는 소식에 축하를 보내며 나는 인생은 정말 슬픔과 기쁨이 쉼 없이 교차하는 드라마 같다는 생각을 했다.

이대로 잠들어 아침이 와도 눈뜨지 말았으면 좋겠다는 생각을 나 또한 했던 날이 있다. 한 치 앞도 보이지 않는 막막함 속에서 이대로 눈감아버리면 모든 게 끝나지 않을까 절망하는 날은 슈베르트 같은 천재가 아니라도 누구에게나 있다. 그러나 아침이 오면 우리는 다시 눈을 뜨고, 막막함과 부대끼며 또 살아가야 한다. 죽을 것 같지만 인생은 여전히 슬픔 뒤에 기쁨이 오고, 절망 뒤에 희망이 싹튼다. 과거는 이미 사라진 시간이고, 미래는 영원히 오지 않는 시간이다. 다음 생을 위해서가 아니라 우리는 지금 이 순간의 생을 위해 소중한 시간을 보내야 한다.

우리 살던 옛집에

헌옷 벗어 걸어놓고 아버지는
어디로 가셨나?
마당에 서 있던 목련나무
허리가 굵어졌고
벽 위에 박았던 못 그대로 있는데
어디로 가신 건지 아버지
소식을 알 길 없다.
환한 햇살이 창호지에 비치던 방
입고 계시던 모시옷의 깔깔한 감촉만
아물거리며 손끝에 남아 있는데
껄껄, 웃음 터뜨리던 아버지는
그날 밤 누이가 꾼 꿈을 끝으로 나타나지 않으신다.
우리 살던 옛집에 해 지면 분꽃 피고
허물어진 부뚜막 아래 귀뚜라미 소리 들린다.

물기 빠진 광목을 팽팽하게 맞잡으며
세월을 두드리는 어머니의 다듬이질 소리
슬픔도 늙는 건가?
슬픔도 우리처럼 나이를 먹는 건가?
내 모습 속에서 문득 나는 아버지를 발견한다.
우리 살던 옛집에 저녁이면 불 켜지고
찬 바람 불면
자전거 타고 돌아오실 아버지를 기다리며
아랫목에 묻어둔 밥그릇 하나
자르르, 기름기 흐르는 밥알들을 껴안고 있다.

아다지오 칸타빌레

밤에 비창을 듣는다.

차이콥스키의 교향곡 6번 비창이 아니라 베토벤의 피아노 소나타 8번 비창이다. 비창을 듣고 있으면 베토벤이 느꼈을 아픔과 비애가 느껴진다. 그때 그는 이미 청력을 잃어가고 있었으니 곡에 담긴 비감한 정서는 곧 베토벤 자신의 심경이었을 것이다. 그 뒤 그는 자신의 절망과 좌절을 토로한 편지를 동생들에게 보낸다. 그 편지가 바로 유명한 '하일리겐슈타트의 유서'다. 베토벤 사후에 발견된 이 유서는 소통의 단절과 사회적 고립을 토로하고 있다. 그때의 고통은 다 청력 상실의 결과였다. 화가에게 눈이 생명처럼 소중하듯 작곡가에게 난청이란 극복하기 힘든 상실인 것이다.

그가 느꼈던 상실의 아픔을 나 또한 반쯤은 알고 있다. 불안과 어지러움을 함께 데리고 온 그것은 나침반 없이 바다에 던져진 심야의 항해 같은 것이었다. 오랫동안 간병을 하며 받았던 스트레스 때문인지 어머니 사후 메니에르라는 병이 오며 나 역시 한쪽 청력을 잃은 것이다. 어지러움이 심해 모든 걸 접어야 했던 그때 떠올린 인물이 베토벤이다. 베토벤은 양쪽 귀가 다 먹었는데 내겐 아직 한쪽 귀가 남아 있잖아, 하는 생각이 버틸 힘을 제공했다. 그러나 한쪽 귀로 듣는 비창은 슬프고 아리다. 밤에 듣는 비창은 어디서 번민을 데리고 와 가까이 왔던 잠까지 쫓아버린다.

그렇게 한쪽 귀로 베토벤을 듣기 전 그의 고향인 본에서 두 귀로 비창을 들었던 적이 있다. 베토벤 하우스 근처 어딘가에서 들었던 비창은 많은 시간이 지난 지금 누가 한 연주였는지 기억도 안 나지만, 그 곡이 비창이었다는 사실만은 또렷하게 기억한다. 베를린이 통일 독일의 수도가 되기 전인 1990년, 친구 따라 본까지 갔던 것은 베토벤 생가를 보기 위해서였다. 그 시절 베토벤 하우스에 한글로 된 안내서가 있다는 사실에 어, 여기 이런 게 있네, 하며 놀랐던 기억이 난다. 비록 조잡한 인쇄였지만 국격이 지금 같지 않던 그 당시 우리말로 된 안내서가 비치되어 있다는 것이 반갑고 신기했던 것이다.

그때 함께 본에 갔던 친구는 이제 소식조차 모른다. 외환위기가 닥친 뒤 사라져버린 그는 아프리카 빅토리아 폭포 가까운 곳에 있다며 연락 온 것을 마지막으로 증발되고 말았다. 어떻게 그럴 수가 있는지 행방을 알 수 없는 수증기처럼 증발해버린 것이다. 산 건지, 죽은 건지 가족조차 소식을 모르는 그도 이제 내 기억의 목록에서 빠져나갈 때가 되었다. 음악을 좋아하던 친구였다. 독일에서 공부했고, 피아노 교습소를 하기도 했던 그는 마찬가지로 음악을 좋아했던 나를 베토벤 하우스까지 데려갔다.

베토벤의 이름을 건 하우스는 한국에도 여기저기 있다. 몇 해 전 지인의 차에 얹혀 거제에 있는 베토벤 하우스에 간 적이 있다. 물론 그곳 역시 베토벤과 직접적인 인연이 있는 곳은 아니다. 주인장이 상당한 오디오 마니아에다 음악애호가라는 사실 외에 베토벤과의 연결점이란 있을 리가 없다. 거기서도 스피커엔 비창의 2악장이 흘러나왔다. 주인장이 직접 제작했다는 대형 스피커였다. 그러나 스피커도 스피커지만 커피를 파는 그 공간의 매력은 무엇보다 바다가 바로 코앞까지 들어와 있다는 점이다. 마치 호수처럼 펼쳐지는 잔잔한 바다를 보며 나는 달밤엔 여기서 월광 소나타를 들으면 기가 막히겠구나, 하는 생각을 했다.

그러나 호수 같은 바다를 보며 듣는 월광 소나타는 어쩌면 그 잔잔한 파도와 달리 집 떠나 멀리 온 내 감정을 넘치게 할지도 모른다. 근심도, 걱정도, 그리고 감정도 우린 과잉일 때가 많다. 비창 역시 마찬가지다. 2악장도 그냥 담담한 게 좋을 뿐 과잉된 감정으로 연주하는 2악장은 넘치는 술잔처럼 들고 있기 힘들다. 베토벤이 왜 2악장의 빠르기를 '아다지오 칸타빌레'라고 지정했는지 알 것 같다. 느리고, 노래하듯이 연주하라는 그의 지시도 결국 넘치지 말고 담담하게 받아들이라는 말이다.

실제로 넘치는 감정으로 두들기는 건반보다 꾹 눌러 참듯이 절제된 소리로 연주하는 비창이 더 비창스럽다. 그것은 응축된 감정을 분출하듯 토해내는 것이 아니라 담담한 듯 안으로 비애를 삭히는 것이다. 베토벤은 그랬을 것이다. 평생 독신으로 살다 죽은 베토벤은 누구보다 먼저 받아들이는 법을 배웠을 것이다. 한 번도 사랑에 성공한 적이 없는 베토벤이었지만 사랑했던 대상이 없었던 건 아니다. 누구나 피아노를 시작하면 연주해보는 '엘리제를 위하여' 역시 마음에 둔 여인을 떠올리며 쓴 곡 아닌가. 음악사에 길이 남을 명곡인 월광 소나타까지 헌정했지만 제자였던 그 여인은 끝내 베토벤의 구애에 응하지 않았다.

안 풀리는 인연을 베토벤인들 어쩌겠는가. 인생이란 그런 것이다. 인생의 비애 역시 '느리게 노래하듯' 받아들일 수밖에 없다. 모르는 척 안으로 삭힐 수밖에 없는 것이다. 남녀 간의 사랑이란 변하기 쉽고, 영원한 것도 아니다. 영원을 맹세해도 지나고 나면 그 맹세는 지켜지지 않는 약속일 뿐, 세상에 영원한 것은 없다. 현실 속의 사랑 또한 대체로 자기애自己愛일 때가 많다. 영원한 것을 꿈꾸기보다 매 순간 진실하도록 노력하는 사랑이 정직한 사랑이다. 느리건 빠르건 모든 것은 변하고, 변하지 않는 것은 오로지 '모든 것은 변한다'는 그 사실 하나밖에 없다.

누구보다 당신을 사랑합니다

눈 내리는 봄 길을 간다.

머지않아 여기저기 원추리 필 개울 건너 쏟아지는 폭설 맞으며 들길을 간다. 가버린 계절을 아쉬워하며 봄이 새순 돋는 무대 위로 겨울을 불러내어 앵콜을 청한다. 폭설로 답하는 겨울의 앵콜. 그러나 인생엔 다시 오는 계절이나 폭설 같은 앵콜이 없다.

아직 터지지 않은 매화와 이제 막 돋아나기 시작하는 연둣빛 새순 보며 아기 양의 뿔 같은 봄 속을 걸어 머지않아 아지랑이 필 들길을 간다. 연둣빛 뿔 같은 저 새순이 크면 애기 원추리가 피고, 중국 금매화가 피고, 튤립이 만발하다가 작약과 모란이 피고, 나리꽃 피다가 백합이 봉오리를 맺을 것이다.

핑크빛 일본 조팝이 흐드러지게 피면 도쿄 서양미술관에서 봤던 모네의 수련을 떠올리며 나는 누군가를 꼬

드겨 천리포 수목원에 가 사진을 찍을 것이다. 꽃 피는 봄날, 늙어서 이제 점점 헤어질 날이 가까워지는 벗들과 함께 찍는 사진은 잠깐 피다 지고 말 목련처럼 애틋하고 애달프다. 수목원의 큰별목련 지는 날, 봄은 뚝뚝 소리 내며 울 것이니 봄에는 새로 돋는 풀 한 포기, 산새 한 마리도 놀라게 하고 싶지 않다. 우주적 차원에서 그들과 나는 동등한 생명일 뿐.

새가 집 안으로 날아 들어와 어깨에 앉는 꿈을 꾼 적 있다.

새와 나눈 대화가 너무 생생해 그 말을 받아 적어야지, 받아 적어야지 하다가 잠에서 깼다. 언젠가 아무것도 받아 적을 수 없는 시간이 온다. 언젠가 아무것도 할 수 없는 날이 오고, 언젠가 모든 것과 헤어져야 할 날이 온다.

돌이켜보면 인생은 대단히 의미 있는 사건이 아니다. 쏟아지는 저 폭설에 의미가 없듯 인생엔 아무런 의미도 없다. 인생의 의미는 주어지는 것이 아니라 스스로 만들어야 하는 것이다. 없는 것을 찾아 세상을 헤매는 이는 어리석고 부질없으니 가진 사람이 행복한 게 아니라 가진 것 나눌 줄 아는 사람이 행복하다. 진짜 행복한 사람은 자신의 마음을 정복한 사람이다.

마음에 봄을 허용하고, 마음에 용서를 허용하고, 마음에 사랑을 허용하는 삶을 살자. '허용이란 놓아버리는 것'이라고 적어놓은 책을 읽었던 적 있다. 이때 놓아버린다는 말엔 모든 것이 다 연결되어 있으므로 내가 얻고자 하는 그것이 멀리 있는 어떤 것이 아니라 이미 내게 있다는 사실을 알라는 뜻이 숨어 있다.

그런 놓아버림엔 결핍이 없다. 가지고 있는데도 끊임없이 갈구하는 마음의 허기가 없다. 그런 깨달음이 이 나이에 찾아온 것은 어리석게 살았기 때문이다. 지혜로운 삶을 산 것이 아니라 우둔하게 살았기 때문이다. 어리석다는 말은 무엇인가? 달라이 라마는 '최악의 문제로 최고의 통찰을 얻는 이를 현명한 사람'이라고 했다. 어리석은 사람은 바로 나 같은 사람이니, 돌이켜보면 나는 최악의 문제를 최고의 통찰을 얻는 기회로 삼기보다 삶의 낭떠러지나 파국으로 여겼다.

고통에서 가르침을, 상처에서 교훈을 얻지 못하는 삶은 우둔하다. 폭설이 지나간 뒤 대지가 꽃을 피운다는 사실을 우리는 자연의 질서로부터 배우고 있지 않은가. 한겨울 꽁꽁 얼어붙은 대지의 밑바닥엔 봄을 위해 물 긷는 나무의 뿌리가 있다는 사실을 기억하자. 남들이 깨닫지 못한 것을 챙겨서 알아차리는 이는 현명하다. 현명하다는 것은 무엇인가? 그것은 유연함과 친구처럼 닿아 있으니 아무리 날카로운 칼날에도 바람은 베이는 법이 없다. 융통성 없는 사물들이 다 잘려 나가도 바람은 칼날에 상처 입지 않는다.

앞이 안 보이게 쏟아진다 해도 폭설 때문에 지각하는 봄은 없다. 지하수 길어 올린 꽃들은 겨우내 감추었던 뿌을 내밀고, 날개에 힘이 붙은 새들은 바람을 타고 창공으로 떠오른다. 봄의 눈발 속으로 날아가는 동안 새는 꽃이 불러준 말을 옮겨 적는다. 이른바 꽃말이 그것이다.

부지런히 꽃의 말을 물어나르는 새들의 시간 속으로 봄은 온다. 그리고 다시 갈 것이다. 오는 것은 반드시 가고, 모였던 것들은 반드시 헤어지는 것이 세상 이치 아니던가.

  내 인생의 봄은 가고 없지만, 폭설을 맞으며 나는 꽃들이 전하는 말을 이 글의 말미에다 적어놓는다. 눈 속에서 피는 얼음새꽃(복수초)의 꽃말은 '영원한 행복'. 눈 속에 파묻혀 있어도 얼음새꽃은 그 시절이 행복했던가 보다. 겨우내 붉게 타오르던 동백은 내게 자신의 꽃말을 수줍게 고백한다. '누구보다 당신을 사랑합니다.'

# 3 장

소유의 언어와 존재의 언어

좀체 시에 대한 이야기를 하지 않는다. 소중한 것을 아끼듯 시에 대한 순수한 마음을 유지하고 싶어 침묵을 선택하는 것이다.

깨달음의 스승이었던 구르지예프는 지식의 길과 존재의 길이 서로 벌어지게 되는 이유를 사람들이 사용하는 언어로부터 시작되었다고 지적한다. 시를 쓰는 시인의 입장에선 흘려보낼 수 없는 발언이다.

구르지예프에 따르면 사람들은 같은 말로 서로 다른 내용을 이야기하면서도 그 말을 이해한다고 착각한다는 것이다. 인간의 언어에 대해 그는 이렇게 덧붙이고 있다.

'사람들은 자신이 사용하는 언어로 말할 때는 서로 이해하지 못하지만, 다른 언어를 사용하면 확실하게 이해한다.'

영어와 영어로 만나면 서로 이해하지 못하지만 영어와

한국어가 만나면 확실하게 이해한다는 말이다. 모순된 이야기이지만 이 말은 인간과 인간 사이에 빚어지는 불신과 소통 부재에 대한 비판으로 읽힌다. 마음에 없는 말을 능청스럽게 할 수 있는 것이 인간 아닌가. 그러나 인간의 언어가 존재에 결정적인 영향을 미치는 것은 아니다. 말이 통하지 않는 외국에 나가서도 우리는 굶어 죽지 않고 잘 돌아다닐 수 있다. 외국어를 못한다고 해서 생존 그 자체에 문제가 되지는 않는다는 말이다.

그러나 뭔가를 소유하려고 하면 그것은 가능하지 않은 일이 된다. 무엇인가를 소유하기 위해 사용하는 언어는 느끼는 것이 아니라 이해되어야 하기 때문이다. 뭔가를 소유하기 위해 쓰는 글은 결코 우리를 감동시키지 못한다. 머리로 이해해야 하는 시는 지적인 욕구를 충족시킬지언정 결코 가슴에 무늬를 남기지 못한다.

우리가 세상을 향해 내뱉는 말, 언어라는 것은 대부분 존재의 편이 아니라 소유의 편에 있다. 소유에는 사랑이나 연민, 자비심 같은 것이 깃들 공간이 없다. 그것이 무엇이건 가지려 하는 마음은 욕망이며 그 욕망을 통해 획득한 어떤 것은 시가 아니라 기껏해야 일종의 성취일 뿐이다. 그러나 좋은 시는 결코 성취되는 것이 아니다. 시는 끝없는 결핍의 언어이며 그 결핍의 언어가 궁극적으로 추구하는 것은 공空이다. 그것은 시가 소유의 언어가 아니라 존재의 언어이기 때문이다. 구르지예프는 말한다.

'두 사람이 같은 단어를 말하고 있으며 서로 동의하고 이해하고 있다고 생각하지만 실제로는 완전히 다른 것을 말하고 있으며 조금도 서로를 이해하지 못한다.'

위 문장에서 구르지예프가 드러내고 싶어 한 것은 소통과 공감에 대한 이야기다. 그가 한 말을 나는 언어로서의 말이 아닌 안장을 얹고 달리는 말馬로 바꾸어서 표현한다. 그러나 그것은 얼마나 빨리 달리는지, 그리고 얼마나 멀리 갈 수 있는지를 측정하는 경주마 같은 것은 아니다. 거친 숨을 몰아쉬는 그것은 다만 생생하게 살아 있는 육체로서의 언어를 뜻할 뿐. 문법으로서의 시가 아닌 몸으로서의, 체온으로서의, 느낌으로서의 시를 찾기가 어렵다. 지금 우리가 시라고 부르는 것들은 대부분 구르지예프의 지적 그대로 '실제로는 완전히 다른 것을 말하고 있으며 조금도 서로를 이해하지 못하는 것'이다.

척 보면 아는 단계, 느낌과 직관으로 받아들이는 세상

은 수사修辭가 필요 없다. 수사 없는 세상에서 살고 싶다. 수사가 만들어낸 꾸밈과 치장의 벽을 넘어 직통으로 소통하고 직통으로 교감하는 세상에 있고 싶다. 대화를 하면서도 우리는 벽에 막힌다. 수많은 위로의 말과 수많은 지적인 대화는 때로 침묵보다 못할 때가 있다. 차라리 입을 다물 때 우리는 아마 더 진실한 대화를 나눌 수 있을지 모른다. 시 또한 마찬가지여서 단 한 줄의 문장, 단 한 번의 심호흡이 막혀 있던 가슴을 소통하게 한다. 높은 지식이나 뛰어난 비유로 가득한 글은 아름답지만, 그것들은 대부분 우리의 머리를 만족하게 할 뿐 가슴을 뛰게 하지 못한다.

계영배戒盈杯라는 잔이 있다. '가득 차는 것을 경계하는 잔'이라는 뜻을 가진 이 술잔은 가득 차지 않아도 어느 정도 술을 부으면 저절로 넘쳐흘러 과욕을 경계하는 지혜를 상징한다. 시도 이와 마찬가지라 아는 것으로 가득 찬 머리는 분별하고 재단하며 가슴의 소리를 외면한다. 넘쳐서 흐르는 찻잔 위로 계속 차를 붓는 스승에게 차가 넘친다고 항의하자 '그대의 머리가 이와 같아 넘쳐흐른다'는 대답이 돌아온다. 계영배의 이치를 스승은 말하고 싶은 것이리라.

우리가 시인이라 부르는 이들, 시라고 부르는 것도 그런 것은 아닐까? 비우기보다 채우려고 하다가 넘쳐흐르는 것은 아닐까?

깨달음의 세계에선 알음알이를 경계한다. 사실은 아무것도 모르면서 안다고 착각하는 것, 그런 오만이 눈앞에 있는 깨달음을 못 보게 하기 때문이다. 참으로 어리석은 사람은 모르는 사람이 아니라 알고 있다고 착각하는 사람이다. 착각 때문에 오만해진 사람이다. 아무것도 모르면서 나대는 사람이 불안하듯 소유하기 위해 움직이는 삶은 불안하다. 존재의 언어가 아닌 소유의 언어로 움직이는 시 또한 불안하다. 진실한 시는 결코 소유를 향하지 않는다. 끊임없이 움직이는 욕망과 내면의 불안이 시를 어렵게 하거나 무겁게 한다.

행복이란 단순한 것이며 진정한 행복은 소유로부터 일어나지 않는다. 소유는 끝없는 갈망을 품고 있어 끝없이 더 가지려는 욕망으로 이어질 뿐 행복과는 멀다. 행복하길 원하지만 우리의 움직임은 늘 행복과는 다른 궤도에 있다. 행복하길 원하면서도 그것마저 소유의 차원에서 얻으려 한다. 움직이는 자로부터 나오는 진실한 움직임을 망각한 채 스스로 행복을 거부하기까지 한다. 행복은 얻어지는 것이 아니다. 그대로 존재하는 것이다. 시 또한 얻어지는 것이 아니다. 그대로 존재하는 것이다. 고통과 갈등과 슬픔의 과잉된 언어로 시는 세상살이의 신산辛酸을 기록한다. 그러나 기록은 시가 아니다. 시는 노래다. 노래는 결코 이해되는 것이 아니다. 그것은 느끼고 공유될 뿐이다.

상처는 나의 기쁨. 나는 그것을 통해 배운다.
잃을 것 남아 있어 행복한
상실은 나의 희망. 그것을 통해 나는 채운다.
부서진 도끼날이 나무 결을 기억하듯
예민한 칼날이 사과 향을 기억하듯
나무가 품은 봄 향기에 언덕의 풀이 깨어나듯
두려움은 나의 스승. 그것을 통해 나는
세상을 외경한다.
—**외경**, 김재진

첫눈과 옛 생각

 창밖이 훤해서 내다보니 눈이 왔다. 반가운 것들은 소식도 없이 오는 법이니 나는 아직 눈이 반갑다.

 눈이 와서 길이 막히겠구나, 라고 생각하면 이미 늙은 것이다. 첫눈 왔다고 여기저기 문자를 보낸다면 아직 젊다는 증거다.

 첫눈이 반갑지만 문자까지 보낼 일은 없다. 반가운 것은 어쩌면 차 막히는 시내로 나갈 일이 없어져서 그런 것인지 모른다. 이제 아침마다 버스나 지하철을 타고 시간 맞춰 가야 할 곳은 없다. 부르는 곳도, 불러야 할 곳도 없어지고 말았다. 해방된 듯 자유롭지만 때로는 자유 때문에 삶의 리듬을 잃을 때도 있다. 의식 못 한 채 살았지만 지금까지 거대한 리듬 속에서 살아왔다. 내가 속한 태양계의 리듬을 타며 밥을 먹고, 출근을 하고, 누군가를 만났다. 지구의 자전에 따라 바뀌는 낮과 밤을 맞이했고,

태양 주위를 공전하며 사계절을 누렸다. 초승달과 그믐달과 보름달 사이에서 약속을 하고, 그 약속을 지키며 여기까지 왔다.

 여기저기 문자 보낼 일은 없어도 눈이 오면 옛날 생각이 난다.
 그때 너와 나는 지금은 카페라고 부르는 '다방'에서 늘 만날 약속을 했다. 방학 때마다 너는 고향으로 내려왔고, 일 없이도 온종일 함께 도심을 쏘다녔다. 우리가 같이 알던 친구 중에 몇은 이미 세상 떠났고, 몇은 또 머나먼 이국에 있다. 여기서 끝없이 땅을 파면 맞닿게 되는 파라과이에서 비행기를 타고 칠레까지 가서 살던 친구는 함께 살던 행성을 떠난 지 오래다. 그가 내게 보낸 안데스산맥의 그림엽서와 인디오들의 피리 소리가 담긴 CD는 길이 끊겨 더 이상 오지 않는다. 지구라는 큰 원을 가운데 둔 채 발바닥 맞대고 살던 그가 가도 첫눈은 어김없이 우리 곁에 내린다.

 눈 오는 날이면 어김없이 네 생각을 했다.

엽서 쓰기를 좋아하던 너는 가는 곳마다 우체국에 들러 엽서를 보내곤 했다. 때로는 함께 있는 그 순간에 네가 보낸 엽서가 도착하기도 했다. 그때 너는 섬에 갔었고, 떠나며 부친 엽서보다 더 빨리 네가 온 것이다. 섬, 하면 장그르니에의 책《섬》이 떠오른다. 그때 새파란 문학청년이던 우리에겐 어쩌면 엽서 또한 그르니에의 섬같이 고독한 성찰의 공간이었을지 모른다. '아무도 없는 곳에서 그 책을 읽기 위해 한달음에 방으로 달려갔던 그날 저녁으로 되돌아가고 싶다'고 했던 카뮈처럼 아무도 없는 공간에서 지금 나는《섬》이 아니라 첫눈을 읽고 있다. 많은 생각이 일어나게 하는 첫눈은 보는 것이 아니라 어쩌면 읽는 것인지도 모르겠다.

그렇게 엽서를 보내면서도 우리는 또 틈만 나면 전화를 했다.

길마다 공중전화가 있었고, 장거리 전화를 하려면 시내에 있는 전화국까지 가야 하던 시절이었다. 장거리 전화를 신청해놓고 순서를 기다리면 몇 번 부스로 들어가라는 신호가 오고, 번호가 붙어 있는 그곳에 들어가 나는 네게 전화를 했다. 하숙집 전화는 언제나 주인 아주머니가 받았다. 바꿔달라는 것이 미안해 번번이 죄송합니다, 송구합니다를 연발했던 추억의 장거리 전화.

첫눈 온 날, 너는 또 내려왔고 우리는 또 그 다방에서 만날 약속을 했다. 몇십 년 만에 온 큰 눈이라는 그날의 폭설에 도로는 마비되고 차는 끊겼다. 탈 없이 가도 한 시간 걸리는 거리에 살던 나는 난감한 심정이었다. 버스는 오지 않고 시간은 정해져 있고, 공중전화를 찾아 나는 다방 카운터에다 늦을 것 같으니 기다리다 가도 괜찮다는 말을 전해달라고 전화를 했다. 그때 그 키 큰 아가씨, 기억나는지 모르겠다. 미스김이라고 부르던 그 아가씨가 카운터에서 전화를 받았다. 싹싹했지만 잘 토라지던 그 키다리 미스김은 또렷하게 지금도 얼굴이 기억난다.

그날 나는 세 시간이나 걸려 다방에 도착했다. 당연히 네가 기다리다 갔을 것이라 생각하며 늦는다는 말 전했냐고 묻자 키다리는 못 전했다고 고개를 저었다. 오지도 않았는데요 뭐, 라고 하던 그녀의 그 말투도 노릿이 기억난다. 오지도 않다니 그럴 리가 없는데? 라고 묻는 내 눈을 피하며 미스김은 첫눈이 와서 손님이 너무 많잖아요, 라는 변명 같은 한마디를 내뱉은 뒤 바쁜 척 가버린다. 전해달라는 말을 그녀가 잊었구나. 그래서 너는 기다리다 가버린 거구나. 내 생각은 그랬다.

그러나 그게 아니었다. 되돌아가기도 힘에 부쳐 앉아 있는 내 앞에 네가 나타난 것이다. '왜 이제야 왔어?' 그 한마디를 하며 자리에 앉는 네게 놀란 나는 '안 갔구나. 여태 어디 있다 왔어?'라고 물었고 '가긴 어딜 가. 배가 고파 혼자 밥 먹고 왔지.'라고 너는 대답했다. '기다리다 간 줄 알았지. 세 시간도 더 넘었으니까.'라는 말에 네가 한 대답은 아마 이거였을 것이다.

'눈이 왔다고 기다릴 걸 안 기다리겠나? 약속했는데.'

가장 늦게 지킨 약속이었다. 아마 네겐 가장 오래 기다린 약속이었겠지.

그 뒤 한 20년은 더 지나 내려갔던 고향에서 그때 그 다방의 주인아줌마, 우리가 마담아줌마라고 부르던 그분을 우연히 만났다. 친구 따라 들어간 생맥줏집 카운터에 놀랍게도 그녀가 앉아 있는 것이었다. 들어서자마자 내 이름을 부르며 반색하는 그녀의 손을 잡자 그녀는 '아직도 이렇게 물장사를 한다우'라고 반기며 그 옛날 그 시절의 이야기를 시간 가는 줄 모르고 퍼부었다. 아줌마도 젊고, 나도 새파랗게 젊었던 시절이다. 아마도 나보다 한 10년쯤 연상일 그분은 말 그대로 물장사를 하지만 늘 꼿꼿하고 기품 있었다. 그날 이런저런 이야기 끝에 마담은 '혹시 미스김 소식 알고 있어요?'라고 물어왔다. 미스김이야 기억하지만 그 시절 그렇게 만났던 이의 소식을 어떻게 알겠는가. 뭔가를 말할 듯 하다가 흐리던 말끝을 이내 화사하게 바꾸며 마담은 이렇게 덧붙였다. '그건 그렇고, 그때 그 키다리가 김 선생 좋아하고 있었다는 거 몰랐어요?'

  내리는 눈은 쌓인다. 지나가는 시간도 어딘가 쌓이는 곳이 있을 것이다. 키다리가 그때 나를 좋아하는 걸 몰랐던 것은 아니다. 사람이 사람을 좋아하는 것이 뭐 나무랄 일인가. 이제 이 나이가 된 마담과 나는 과거 같은 것들로부터는 자유로운 연륜이다. 과거의 허물도 웃으며 말할 수 있는 연륜이다. 창밖에 내리는 눈처럼 세 시간이

나 나를 기다렸던 너도, 그리고 나도 쌓인 것이 많다. 쌓인 눈이 언젠가 녹듯 우리 안에 쌓인 것도 녹을 때가 있을 것이다.

새들의 저녁 식사

함께 저녁 먹는 식구들을 환영합니다.

함께하지 못한 여치와 귀뚜라미와 껍질만 벗어놓고 어디로 간

참매미와 말매미에겐 안부만 전합니다.

이 시간이면 파도가 밀려오듯 숲길에 물결치던 매미 소리가 그립습니다.

여름 가고 가을이 오듯 그들이 가고 국화꽃이 오십니다.

수레국화는 그가 끌던 수레를 잃어버려 빈손으로 옵니다.

그 멀리 만년설 덮인 산모롱이에 살던 푸른양귀비는 길이 멀어

식구들의 잔치에 빠지고 없습니다.

잠깐 피고 얼른 지는 그들의 식탁엔 저녁이라는 이름

의 성찬이 사라진 지 오랩니다.

해 뜨면 문을 열고 해 지면 문을 닫는 꽃들의 식탁에는 달맞이꽃 한 송이만 앉았다가 갑니다.

밤에만 오는 박각시와 나방을 맞이하기 위해 달맞이꽃은 꽃가루를 준비하며 기다립니다.

수저를 들기 전 기도부터 드리는 나무들의 황혼을 잊지 않고 있습니다.

그들이 보살피던 넓고 큰 그늘을

떠나간 계절인들 잊을 수가 있겠습니까.

화창한 하루가 가고 경건한 어둠이 찾아오고 있습니다.

물드는 황혼 따라 노인들의 하루도 기울어갑니다.

어둠은 속이 깊어 그 속을 알 수가 없습니다.

속 깊은 노인들은 저녁이 와도 좀체 마음을 열지 않습니다.

인생이 그들에게 가르쳐준 교훈이 그것입니다.

함부로 속을 내보이지 말아야 한다는 건 세상 사는 이치입니다.

쉽게 마음 주지 않는 것은 새들도 마찬가집니다. 새들은 눈치가 빠릅니다.

어느새 많은 것들이 떠나고 있습니다.

후투티와 개개비는 벌써 떠났습니다. 파랑새도 마찬가지입니다. 물총새와 호반새도 떠나고 없습니다.

날마다 독창회를 열던 꾀꼬리가 가고 없어도 숲속은 외롭지 않습니다.

새로운 식구들이 꾀꼬리 대신 소박한 음악회를 준비하고 있습니다.

그들의 음악회에 참석하기 위해 노인들도 다시 돌아올 것입니다.

모든 직선에는 끝이 있습니다.

삶이 직선이라고 믿는 잘못된 믿음이 불안을 크게 할 뿐 커다란 궤도 따라 둥글어진 원처럼 모든 것은 순환합니다.

달팽이가 동면하듯 잠자고 난 뒤, 꽃들의 식탁에 앉기 위해 그들은 다시 돌아올 것입니다.

망각

'즐거운 기억을 가지고 있는 사람은 인생을 두 번 사는 것'이라는 말이 있다.

그러나 이 힘든 생을 두 번씩이나 살고 싶은 마음이 없어서인지 나는 기억력이 썩 좋은 편은 아니다. 특히 어린 시절의 기억은 왜 그런 것인지 지우개로 지워놓은 듯 백지일 때가 많다. 어쩌다 그 시절 일을 시시콜콜 기억하는 친구를 만나면 반갑기도 하지만 한편으론 뜨악하기도 하다. 전혀 기억나지 않는 나에 대한 일을 미주알고주알 듣고 있노라면 그게 사실인지 아닌지 의구심이 생기는 것이다.

반색하며 그가 내게로 건너왔을 때 나는 그가 누구인지 몰라 당황했다. 초등학교 동창생이라는데 까마득한 세월 지나 느닷없이 마주친 초등학교 동창생을 어떻게 기억할 수 있겠나?

"정말 오랜만이다. 널 여기서 만나다니"라며 그는 반가워했고, "안 변했구나. 넌 그때 모습이 그대로 남아 있어"라고 덧붙였지만 초등학교 때 모습이 그대로 남아 있다는 말은 내게 의심만 불러올 뿐이었다.

잘 지워진 칠판처럼 어떤 기억은 아무리 불러내려 해도 끝내 백지상태다.

"검색하면 사진도 나오고 다 나와."

어떻게 내 얼굴을 기억하느냐는 말에 그렇게 대답하며 그는 "그때 너희 집 적산가옥이었잖아. 나무 계단을 올라갈 때마다 삐걱거리는 소리가 났어. 계단에서 놀다가 굴러 떨어진 적도 있어. 이래도 나 모르겠니?"라며 자신의 얼굴을 가리켰다.

초등학생 때 살던 집이 적산가옥이라는 건 맞는 말이다. 아무리 기억력이 없다 해도 그 집을 잊어버리진 않았다. 오래 살기도 했지만, 그 집에 대한 기억을 나는 여러 번 글로 옮기기까지 했다. 보이지 않는 소리까지 기억하며 그는 나도 모르는 나에 대한 이야기를 들려줬지만 그러나 내가 가진 백지엔 더 채워지는 것이 없었다.

"그때 너희 집엔 자전거가 있었지. 너희 아버진 자물쇠를 채워 그걸 기둥에 묶어두었고."

자전거 도둑이 많던 시절이었다. 재봉틀이나 자전거 같은 것이 큰 재산이던 세월 건너 우린 여기까지 온 것이다.

"너희 집 건너편에 자전거 파는 가게 있었잖아. 그건 기억나니?"

그건 기억났다. 한 번씩 자전거에 바람을 넣기 위해 찾아가던 아버지가 떠올랐기 때문이다. 녀석의 이야기를 듣다 보니 한밤중 자전거 도둑 뒤를 쫓아가며 지르던 아버지의 고함소리가 들릴 것도 같다. 도둑을 발견하자 고함소리가 나오지 않아 끅끅거리며 버둥거리기만 하던 어머니 모습도 기억에 남아 있다.

두려움이 목소리까지 얼어붙게 했지만, 도둑도 선량하던 시절이었다. 달아나기만 했을 뿐 사람을 해칠 줄 몰랐던. 가난했지만 순진했던 그 시절, 아버지는 자전거에 나를 태우고 장마로 불어난 물 구경을 가기도 했다.

"누나는 잘 살고 있니? 몸이 약했는데……."

그러나 그 말을 끝으로 그는 이쪽에서 저쪽으로 건너

가고 말았다. 끝까지 기억의 백지장에 아무것도 써넣지 못하는 내가 섭섭했던지 전화번호가 적힌 쪽지 하나를 내민 뒤 작별 인사를 한 것이다.

"그 친구, 그때 중학교까지 진학하긴 했지만 학교를 중도에 그만뒀어. 중퇴하고 공장으로 갔지 아마. 집안 형편이 안 좋았을 거야."

다시 조금 더 세월이 흐르고, 어쩌다 그의 이름이 화제에 오르자 그를 기억해낸 친구 하나가 그런 말을 했다.

"어떻게 너와 만나게 된 건지 신기하다만 어디에 사는지, 어떻게 사는지 아는 친구가 없어. 들리는 이야기도 없고."

그러니까 내 기억의 창고에 부재의 상태로 있던 그가 내게만 부재인 건 아니었던 모양이다. 아무도 그의 행방에 대해 아는 동창생이 없는 것이다.

죽은 것인지 산 것인지조차 아는 사람이 없다는 말을 듣자 갑자기 그의 근황이 궁금해졌다. 모두에게 잊힌 존재인 그가 유독 나를 기억하고 있었다니. 내가 너무 무심했구나, 하는 자책감도 들었지만 믿고 싶다는 열망이 생긴 건 아니었다.

그날 그가 건넸던 전화번호 적힌 쪽지를 잃어버렸으니 달리 연락할 길도 없었다. 그러나 우연히 다시 만나기를 기다려야지 별수 있겠나, 하는 생각 또한 오래가진 않을 것이다. 돌아서면 까먹는 이 천부적인 건망증이 불편하지만 꼭 나쁜 것만은 아니다. '기억해내는 능력이 아니라 잊을 수 있는 능력이야말로 인간이 살아가는 데 필요한 것이다'는 말을 떠올리며 나는 나 자신을 위로하는 것이다.

내가 참 이렇게 매정한 구석이 있구나, 하는 자각을 하지 않은 것은 아니지만 어쩌겠나. 아마 그 시절 그에게 나는 무슨 이유에선지 기억나는 대상이었지만 내게 그는 그런 존재가 아니었던 모양이다. 그가 마지막으로 내게 했던 '누나는 잘 살고 있니?'라는 한마디가 슬며시 떠올랐다. 누나의 안부까지 챙긴 그에 비해 나의 기억은 망각이라도 어찌 보면 참으로 미안한 망각이다. 상대는 기억하는데 나만 모르는.

옛 친구

93세인 친구 어머니가 열아홉 그 시절의 기억을 더듬듯 내 뺨을 어루만진다.

면도도 하지 않은 뺨에서 어머니는

자식의 친구도 세월을 먹을 만큼 먹었다는 사실을 알아차리셨을까.

25년 전 요절한 친구의 모친이

용인의 딸 집에 와 계신다는 소식을 듣고 찾아간 길이다.

그 연세에도 아들 친구들이 온다고 음식을 준비하고 기다림에 설렌 어머니.

"너는 애야. 그때 늘 이 가지에서 저 가지로 날아가려고 궁리하는 새 같았지."

글썽이는 눈물과 미소를 순서 없이 내보이며

"엄마 생각 안 나냐? 나를 보니 네 엄마 생각나지?" 하시던 모친은 먼저 간 자식의 친구들을 다시 봤으니 이제 여한이 없다 하신다.

그가 간 지 25년, 여전히 나는 살아 있고
어쩌면 내 인생에서 유일하게 잘한 일은
부모를 앞서가지 않았다는 사실 하나인지 모르겠다.

내 안의 실크로드

열차는 밤새 옆구리에 톈산산맥을 끼고 달렸다.

2층 침대에 누워 내다보는 차창엔 성에가 끼어 있다. 덜커덩거리며 달리는 열차와 누군지 알 수 없는 이의 코 고는 소리.

코 고는 소리를 들으며 언젠가 지금과 같은 상황을 겪은 것 같은 데자뷔를 느낀다. '이미 본 것 같다'는 의미의 프랑스어 데자뷔. 우리말로 기시감既視感이라고 불리는 현상은 착각이라 여기는 이도 있지만 뇌의 신비로운 작용으로 보는 이도 있다.

그 시절 나는 전생이란 정말 존재하는 것일까? 라는 의문을 품은 채 카슈가르, 투르판, 둔황 같은 실크로드의 도시를 여행했다. 불교적인 유적이 산재해 있는 실크로드가 마치 전생과 윤회라는 주제를 품고 있는 오래된 문헌같이 느껴져 한 장, 한 장 페이지를 넘겨 확인하고 싶었던 것이다. 막고굴의 그 많은 석굴에 그려져 있는 불화들만 해도 그렇다. 간절한 신앙심으로 불화를 그렸을 그 시절의 화공들은 다 어디서 어디로 윤회하고 있을까?

그러나 찾아간 곳곳에서 데자뷔를 느꼈지만 전생이나 윤회의 실체에 대한 답은 찾을 수가 없었다. 풀리지 않는 의문을 풀기 위해 환생의 대표적 인물인 14대 달라이 라마를 친견했지만 그 또한 답을 찾는 실마리가 되진 못했다. 많은 신비 현상이 그렇듯 윤회 또한 풀리지 않는 수수께끼 같은 것이니 과학의 문제라기보다 그건 믿음의 문제인지 모른다.

그 시절의 경험과 기억들을 바탕으로 나는 한 편의 장편소설을 쓰기도 했다. 소설 속 한 장면처럼 둔황으로 가는 야간열차에 몸을 실은 채 한밤의 고비사막을 넘어갔던 것이다.

'밤 10시, 투르판에서 탄 열차는 산맥과 사막을 양옆에 거느린 채 달리고 또 달렸다.

도망가는 열차를 놓치지 않겠다는 듯 끈질기게 따라오던 톈산은 하미哈密 이르러서 그 끝을 드러냈다. 신장위구르 자치구의 오아시스 도시인 하미. 서역으로 가는 통로인 하미에서 톈산은 비로소 긴 띠같이 이어지던 몸을 풀어놓는 것이다.

타림 분지의 서쪽 끝인 카슈가르까지 올라갔던 여행은 여행이라기보다 탐방이었다. 기억의 흔적을 찾아 나선 탐방길은 마침내 우루무치와 투르판을 거쳐 둔황을 향하고 있다. 눈 내린 톈산과 우루무치에서의 추웠던 밤, 11월이 되기 전 우루무치엔 두 번이나 눈이 내렸다. 창밖을 내다보고, 자다가 또 내다보곤 해도 황량한 들판만 계속되던 고비 사막의 밤 풍경.

열차의 객실 밖으로는 복도가 이어지고, 통유리로 된 창엔 서리가 끼어 있다. 엷게 묻어나는 분홍빛은 아마 산맥을 물들이는 새벽노을이리라.

분홍빛이 황금빛으로 바뀌며 아침이 올 것이다. 투르판에서부터 따라온 멜로디가 입속을 맴돈다. 가성을 많이 쓰는 서역 음악은 카슈가르부터 하미까지 그렇게 유목민의 양고기 냄새처럼 묻어온 것이다. 선선, 미아, 하미 지나온 도시의 이름을 되새기며 문득 끝없이 뭔가를 찾아 헤매는 것은 무슨 이유 때문인지 생각에 잠길 때가

있다.'

 그렇게 찾아갔던 도시 가운데 빼놓을 수 없는 곳이 신장위구르 자치구의 카슈가르다.
 동서교역의 중심지로 그 옛날 소륵국이라는 나라가 있었던 카슈가르는 청나라에게 정벌된 뒤 중국 땅이 되었다. 그러나 가보면 누구나 알 수 있듯 그곳은 위구르족 땅이다.
 타클라마칸 사막 서쪽 끝에 위치한 그곳에는 톈산산맥 대신 쿤룬산맥이 웅장한 모습을 드러낸다. 1759년 청나라와의 전쟁에서 패한 위구르는 청의 황제 건륭제에게 한 여인을 전리품으로 바치는데, 향비香妃라는 여인이 그 주인공이다. 몸에서 향기가 나서 향비라고 불렸던 여인, 어쩔 수 없이 고향을 떠났지만 그녀는 조국에 대한 강한 애국심을 가졌던 인물이다.
 하늘을 찌를 듯 솟아 있는 백양나무 길을 지나 향비묘를 찾아가는 길은 아득하고 한가로웠다. 푸른색과 황색 타일로 장식된 이슬람 양식의 묘 앞에서 나는 도대체 전생의 어떤 인연이 나를 여기까지 끌고 온 것인지 궁금

할 수밖에 없었다. 어떤 인연이 나를 여기까지 데려온 것일까? 윤회의 어떤 사슬이 나를 얽어매어 이 먼 곳까지 찾아오게 했을까?

그러나 한편, 전생이나 윤회 또한 별것이겠나. 겹겹이 얽히고설키며 이어지는 인연과 그 인연의 끝없는 반복이 전생이며 윤회 아니겠는가. 생각이 꼬리에 꼬리를 물고 일어나듯 윤회 또한 우주의 소멸과 생성의 질서 속에 꼬리를 물고 반복되는 것 아니겠는가. 생명이란 결국 태어나고 또 사라지는 것이지만 소멸이 안타까워 사람들은 윤회를 통해서라도 다시 오는 세상을 꿈꾸는 것인지 모른다. 의문을 풀기 위해 다녔지만 여전히 나는 윤회에 대한 답을 찾지 못했다. 끝없는 물음만 있을 뿐 이런 일엔 애당초 답이란 없는 것인지도 모른다.

적국 황제의 후궁이 되었지만 고향을 그리워했던 위구르 여인. 다시 고향에 돌아갈 수 없었던 향비처럼 나 역시 다시 이 먼 곳까지 올 수는 없을 것이다. 알 수 없는 기시감에 홀리고 톈산의 신비함에 마음을 빼앗겼지만 만년설을 물들이던 노을은 사라졌고, 막고굴의 불화들도 내 것은 아니다. 내 안의 실크로드는 이제 여기서 끝이 난다. 흘러가는 시간에 몸 맡긴 채 걸어왔지만 꽃처럼 향기가 난다는 아름다운 한 여인의 묘를 찾는 것만으로 그만 만족해야겠다.

55세의 나이로 세상 떠난 향비는 죽은 뒤 청나라 땅에 묻혔지만 그녀를 기려 위구르 사람들은 묘를 카슈가르에 세웠다. 수많은 세월이 지나가도 변하지 않는 것이 있듯이 애국심도 윤회하는 것인지 후세의 사람들은 그녀를 잊지 않고 고향 땅에 환생시켜 놓았다.

---

* 　작은따옴표 속의 글은 저자가 쓴 장편소설 《달세뇨》에서 발췌.

가위눌림

가까스로 거기서 빠져나오자 뒷골이 뻐근했다. 수도꼭지에서 나오는 물로 입을 헹군 뒤 돌아와 바닥에 주저앉자 친구가 들려준 이야기가 생각났다.

귀신 이야기였다. 그가 말하던 귀신을 나도 본 것같이 느껴져 섬찟했다.

폴란드 출신의 화가인 그는 나와 동갑내기 친구다. 런던에 살고 있지만 한 예술대학의 수업을 맡아 한동안 서울에 머물렀던 적이 있다. 그때 그는 내가 있던 공간에 학생들을 불러놓고 수업을 진행하기도 했다. 그 당시 들려줬던 이야기가 느닷없이 떠오른 것이다.

빠져나왔다는 말은 가위눌린 상태에서 깨어났다는 말이다. 자연스럽게 꾸는 꿈과 달리 어떤 힘이 그 상태에서 벗어나려는 나를 강하게 억압했다. 무서운 상황 속에서 몸부림쳤고, 소리소리 질렀지만 그 소리는 뭔가에 눌려 제대로 말이 되지 못했다.

이미 이 세상 사람 아닌 지인들의 모습이 그 상태에서 보였다. 끝 모를 나락으로 빠지는 것 같았고, 그것이 현실 아닌 꿈같은 것이라 의식했지만 꿈과 달리 벗어날 수가 없었다. 급하게 달리는 구급차의 사이렌 소리 같은 것이 들리고, 음산하고 불길한 소리가 무서움을 더했다. 놓아주지 않으려고 누군가 붙잡으며 달려드는 것 같았다.

그게 귀신인가?

도대체 그게 무엇인지 알 수 없는 일이다. 그 음산한 소리는 정말 귀신이 낸 소리인지도 모르겠다. 귀신은 정말 있는 것인가?

알 수 없다. 귀신의 존재 여부에 대해 과학적인 근거가 없다고 말하고 싶겠지만 그것 또한 나는 모르겠다.

성숙하지 못한 사회에선 미신이 과학을 누른다. 수학적으로 증명된 사실조차 목소리 큰 다수에 의해 부정되는 예는 흔하다. 자기가 믿는 것이 과학이라 강변하는 사람도 없진 않다. 그릇된 신념이나 팬덤 현상이 과학 위에 군림하는 사회는 폭력적이다.

그러나 과학이 증명하지 못한 초자연적 현상이 없는

것은 아니다.

대화 중에 초자연적인 현상 이야기가 나오자 런던에서 활동하는 이 친구는 여행 갔던 스코틀랜드의 오래된 숙소에서 겪은 경험을 들려줬다. 귀신을 봤다는 이야기다.

스코틀랜드에 유난히 신비한 현상, 요정 같은 확인 불가능한 존재에 대한 이야기가 많은 것은 그곳의 음울한 날씨와 기후 탓일 수도 있겠다. 《켈트 지방의 요정 신앙 The Fairy-Faith in Celtic Countries》이라는 책을 쓴 인류학자 에반스 웬츠는 귀신들은 주로 무덤이나 고인돌, 무너진 성 같은 곳에 자주 출몰한다며 이런 현상의 일부는 과거 그곳에서 일어났던 사건이 재현되는 일종의 잔영 현상이라고 진단했다.

그날 밤 혼자 자던 방에서 귀신을 본 친구는 무섭지는 않았다고 한다. 갑자기 벽에서 걸어 나오는 여자를 멀뚱히 침대에 누운 채 쳐다봤는데, 아침에 일어나 그 이야기를 하자 사람들은, '그 여자 또 왔구나'라는 반응이었다고 한다.

그날 본 귀신은 오래전 거기 살다 죽은 중국 여인이라

는 것이 그곳 사람들의 증언이었다. 뭣 때문에 자꾸 나타나는지 모르겠지만, 이야기를 듣는 순간 나는 '구천을 떠돈다'는 말이 생각났다. 무슨 이유에선지 그녀는 죽고 나서도 저승으로 가지 못한 채 이승과 저승 사이에 끼어 버린 것이다.

에반스 웬츠의 말을 인용하면, 일종의 잔영 현상이겠지만 전쟁이나 사고가 났던 장소에 귀신이 나타났다는 기록은 동서양을 막론하고 적지 않은 문헌에 실려 있다.

동의보감엔 '숙면을 취하기 위해선 가슴에 손을 올려놓지 말라'는 구절이 있다고 한다. '가슴에 손을 올려놓고 자면 가위눌리기 쉽고, 바로 누워서 자면 죽은 사람같이 되어 헛것이 몰려오니 무릎을 구부린 채 옆으로 누워서 자는 것이 좋다'는 것이다.

그러고 보니 그날 밤, 옆으로 눕지 않고 바로 누워서 잤던 것 같다.

세상이 시끄러우니 정신 또한 따라서 시끄럽고 불안정하다. 불안정한 사회는 당연히 심각한 정신적 스트레스를 유발한다. 전설적인 정신의학자 칼 융도 절대적 후원자였던 프로이드와의 관계가 파국으로 끝난 뒤 환각과

환청에 시달리며 해리 현상을 겪었다지 않은가. 하물며 의학자도 아닌 내가 이 정도 일을 겪는 건 대수롭지 않은 일인지도 모른다.

현대 의학자들은 가위눌림을 렘수면 단계에서 근육이 마비되는 현상이라 해석한다. 정상적인 수면 리듬이 깨어졌을 때 발생하는 증상이라는데 일리 있는 이야기다. 늪에서 빠져나오지 못하는 것처럼 버둥거렸던 것도 어쩌면 마비 때문에 그랬던 것인지 모르겠다. 사회를 지탱하고 움직이는 근육이 마비된 건지 맨정신으로 바라보는 요즘 세상은 심하게 가위눌린 것 같다.

푸른 코끼리

그는 내게 어떤 요구도 하지 않았다. 어떤 부탁도 하는 일이 없었다. 왔다가 조용히 갈 뿐. 그가 걸터앉던 나무 의자는 이제 다리가 무너져 쓸 수가 없다. 부러진 게 아니라 썩어서 저절로 으스러진 것이다.

올 때마다 데리고 오던 리트리버는 누구에게 보냈는지 알 길이 없다.

그의 산책은 이제 끝났다. 길 위의 나무들도 어느새 옷을 갈아입었다. 산책길에 찾아오던 내 작은 집은 대문 열고 있어도 그를 반길 수 없다. 늘 열려 있던 대문에 빗장을 채워주고 문단속 잘하고 다니라며 슬며시 웃던 사람. "도둑이 와도 가져갈 게 없어요"라는 대답에 놀란 듯한 표정으로 "그림이 이렇게 많은데요?"라고 반문하던 사람. 그는 벽 위에 가득 걸린 그림을 홀린 듯 바라봤다. 그가 팔지 말라며 점찍어놓는다던 5호짜리 소품에 오늘

나는 '푸른 코끼리'라는 제목을 붙인다.

어둠이 내려온 산 위로 푸른색 코끼리가 별을 보며 서 있는 그림이다. 그도, 나도 그 작품을 좋아했다. "코끼리가 보는 것이 별이 맞는 걸까요?" 자기가 묻고 자기가 대답하기 좋아하는 그를 말없이 바라보자 결심이라도 한 듯 입을 열어 그는 "아마도 희망이겠지요. 그래서 이 그림이 좋아요." 힘을 주어 말했다.

그와의 시간은 아름다웠다. 바람 심하게 부는 날, 야외테이블 위로 펼쳐 있는 파라솔을 접어주고 가던 사람. 혼자 산 지 꽤 됐다며 늘 혼자인 나 역시 지레 홀아비라 짐작하며 동병상련의 속내를 내보이곤 하던 사람. 혼자 살아도 불편한 건 하나밖에 없다며 부끄럽다는 듯 "외롭다는 것 말고 별다른 건 없어요"라며 잔기침하던 사람.

한동안 그가 오지 않는다. 아니, 다시 오지 않을지도 모른다. 암이 온몸으로 퍼졌다면서도 자기보다 리트리버 걱정에 이마를 찡그리던 사람. 한동네 사람이라 여겼을 뿐 나는 그가 어디 사는 누구인지 물어본 적이 없다.

형용사의 저녁

동쪽을 향해 달려갔던 나는 서쪽을 향해 돌아온다.

그리움 따라 갔다가 더 큰 그리움을 안고 온다.

반기는 사람 없어도 아침은 오고, 기다릴 일 없어도 저녁이 온다.

눈부신 춤 끝낸 뒤 윤슬은 황혼의 손을 잡고 익사한다.

수없이 많은 석양을 받아들이고 흘려보낸 강물은

어둠을 등에 업고 저녁이 찾아오면 얼굴 바꿔 하류로 간다.

동쪽을 향해 달려갔던 내가 서쪽에 안기기 위해 돌아오는 시간이다.

세상의 모든 해는 황혼에 취해 강으로 떨어지고

익사한 태양을 받아들인 강은 뜨거운 열기 식힌 채 낯을 붉힌다.

돌아온 나는 강가에 앉아 어둠과 친해지기 위한 준비

를 한다.

 어둠은 어디서부터 와서 어디로 가는지

 미셸 투르니에는 그의 글 '그림자'에서

 '해는 서쪽으로 넘어가고 성숙한 인간에겐 등 뒤에 그림자가 생겨나서 점점 길어진다.

 이제부터 그는 점점 더 무거워지는 추억의 무게를 발뒤축에 끌고 다닌다.

 사랑했다가 잃어버린 모든 사람의 그림자가 자신의 그림자에 보태지는 것이다'라고 했다.

 무거워진 추억이 버거워 나는 그것들에 하나씩 이름을 붙인다.

 은은하고, 신비하고, 고요하고, 눈부시고

 사물의 속성과 상태를 나타내는 낱말 하나씩을

 나 또한 '사랑했다가 잃어버린 모든 사람의 그림자'에 보태놓는다.

 오래도록 사랑하면 그것은 내게 말 붙이며 곁에 앉는다.

 강물과 윤슬과 흘러가는 사람들, 풍경과 시간과 지워지는 이름들이 말을 잃었지만 여전히 말을 하는 얼굴 없는 얼굴들이 기다리는 나를 향해 말 건네온다.

* 미셸 투르니에의 글 '그림자'는 그의 에세이집《짧은 글 긴 침묵》
  에 실려 있다. (김화영 옮김, 현대문학)

만월의 꿈

 달을 향해 달린다. 보름이 언제인지 모르겠지만 더 기다리지 않아도 이미 만월滿月이다. 이상하다. 도시에서 보는 달보다 텅 빈 들판을 달리며 보는 달이 더 큰 이유를 알 수 없다. 달 속으로 빨려 들어갈 것 같아 나는 자동차의 속도를 조금 줄인다.

 자동차뿐 아니라 이제 모든 것에서 속도를 줄이고 있다. 전속력으로 달려가는 일은 하지 않는다. 개울을 건너뛰거나 높은 곳에서 뛰어내리는 일도 하지 않는다. 이코노미석에 구겨져 앉아 비행기를 타고 먼 나라까지 돌아다니던 일은 다 젊었을 때 일이다. 이제 여행도 내겐 크게 흥미를 끄는 일이 아니다. 조심조심 사는 것 같지만 꼭 그런 건 아니다. 진심을 다해 하루를 살고, 마음을 다 바쳐 생을 이어가려는 생각은 변함이 없다.

 크게 줄어든 것은 분노다. 화가 날 일에 화를 참는 것도 아닌데 웬만한 일엔 화 대신 헛웃음이 나올 뿐이다. 사는 것이 시시해져서 그런 것은 아니다. 기쁨이 더 많아져서 그런 것도 아니다. 오히려 기쁨은 줄어들고 슬픔은 늘어나는 연륜이다. 크게 기뻐할 일도, 크게 슬퍼할 일도 일어나지 않았으면 좋겠다. 기쁨도 오래가지 않고, 슬픔 또한 금세 힘을 잃어 웬만하면 있는 듯 없는 듯 살고 싶다.

일부러 시간을 내어 S를 만난 것은 그와 내가 함께 알던 H가 생각났기 때문이다. H는 이제 이 세상 사람이 아니다. 누군가에게 그녀 소식을 묻다가 '아니, 그분 떠나신 거 몰랐어요?'라는 답을 들었다. 깜짝 놀란 것과 동시에 미안하다는 생각이 밀려왔다. 무심한 탓이다. 이때의 무심이란 매사에 초연한 상태를 뜻하는 말이 아니다. 무심하다는 것은 관심이 없다는 말이다. 지인이 가고 없는데도 그 사실을 몰랐다니 참으로 미안한 일이다. 평소 자주 연락하는 사이는 아니었지만 그녀가 그렇게 수술까지 하며 죽음의 문턱을 넘나들고 있었다는 사실을 까맣게 모르고 있었으니 무심이 아니라 무관심이라고 꾸짖는다 해도 할 말이 없다.

무슨 생각에선지 떠나기 전 마지막으로(지금 생각해보니 마지막이었다) 만났던 날, 그녀가 은밀한 일이라도 되는 듯 내게 했던 말을 새삼 되짚어본다. S에게 돈을 꾸어준 적이 있는데 그가 경제적으로 내리막인 것 같아서 갚으라는 독촉을 못 하고 있다는 내용이 그것이다. 친한 사이니까 없는 일로 하자기엔 적지 않은 액수였다. 나를 통해 그 말을 전하기를 원한 것인지 그녀는 귓속말하듯 작지만 분명한 소리로 말했다. 그러고 보니 S를 통해 그녀와 알게 되었다. 그녀 또한 S를 통해 나라는 사람과 접속이 된 것이다.

달은 점점 가까워지는 것 같지만 사실은 전혀 가까워지지 않고 있다. 달려가면 달려간 만큼 거리를 두는 달. 그리스 신화에 나오는 달의 여신 셀레네는 밤마다 은빛 마차를 타고 하늘을 가로질러 달에게 간다고 한다. 셀레네처럼 그렇게 마차를 타고 달려야 할 길을 나는 지금 자동차 바퀴를 굴려 가고 있다. 깜깜한 밤하늘에 커다란 구멍이 뚫린 듯 빛을 쏟아내는 달을 향해 은빛도 아닌 내 자동차는 여신도 아닌 나를 태운 채 달리고 있는 것이다. 터널 같은 저 구멍을 빠져나가가면 마침내 환한 빛의 세계와 만나게 되는 것일까?

어쩌면 인생이란 끝나지 않을 듯 계속되는 터널 같은 것인지도 모른다. 수많은 터널을 지나오며 우리는 산을 넘고, 강을 건너 여기까지 온 것이다. 터널을 통과할 때마다 늘 그런 생각을 했다. 가장 긴 구간이라고 알려진 인제, 양양 터널로 들어서는 순간 폐쇄공포증 때문에 운전을 할 수 없다며 핸들을 넘기는 친구를 향해서도 그런 말을 했다. 인생이 다 터널인데 그렇게 공포를 느끼면서 어떻게 살아왔냐?

터널로 들어서며 친구와 나는 노래를 부르기 시작한다. 불안한 마음을 노래로 달래고 싶은 것이다. 메들리로 이어지던 노래가 몇 바퀴 지나가고, 슬그머니 하품이 나올 때쯤 터널은 드디어 그 끝을 드러낸다. 친구의 불안감도 그사이 꼬리를 내린 건지 사라지고 없다.

꿈에 H가 나온 적이 있다. 세상 떠난 지 얼마 되지 않아서였다. 평소 자주 만나지도 않고 알콩달콩하던 사이도 아니었는데 꿈에까지 나오다니? 느닷없이 나타난 그녀는 내게 무슨 말을 하고 싶었던 것일까?

심장이 멈춘 뒤에도 뇌의 기능은 한동안 살아 있다고

한다. 뇌파는 순간적으로 더 강력한 신호를 보내고, 의식과 꿈을 담당하는 부위가 활성화된다고 한다. 죽음 뒤에 찾아오는 이런 현상은 무엇을 의미하는 것일까? 이별이 아닌 다른 별로 자신의 위치를 변경한 사람들은 이승에 두고 온 사람들과 통신하기 위해 꿈을 이용한다. 꿈이 이승과 저승을 잇는 통신 수단인 것이다. 그러나 H는 꿈에 잠깐 나오긴 했지만 내게 아무 말도 하지 않았다. 무슨 말을 할 듯 비밀스러운 표정을 짓는 순간 어느새 꿈은 화면을 바꾸어 그녀를 퇴장시킨 것이다.

그날 그 꿈이 마음에 걸려 S를 만나긴 했지만 하고 싶은 말을 결국 하지는 못했다. 은빛 마차를 몰고 달을 향해 달리는 셀레네처럼 신화는 신화일 뿐, 꿈속에 나타난 그녀가 뭘 말하고 싶어 했던 것인지를 내 맘대로 판단해 전하는 것은 옳지 않다는 생각 때문이었다.

직감이나 예감은 그것대로 움직이며 우리에게 신호를 보내지만, 모든 것은 다 내 마음의 반영일 뿐 그녀가 꿈에까지 찾아와 꾸어준 돈 이야기를 한다는 것은 지나친 상상일 것이다. 그 이야기를 해야 한다면 S의 꿈에 나타나면 되지 왜 굳이 내게 나타나겠는가? 환전도 되지 않는 저승에선 아마 돈 같은 건 필요하지도 않을 것이다. 돈이란 단지 물질로부터 벗어날 수 없는 이곳에서만 숭배되는 우상 같은 것이니 몸에서 벗어난 그녀는 이제 모든 것으로부터 자유를 얻었을 것이다.

내 앞의 생이 끝나갈 때

다시 한번 생이 주어지면 어떻게 할 것인가?

푸른 하늘과 소리 내며 흘러가는 강과

오르다가 멈춰 섰던 눈 덮인 산이 다시 발 앞에 펼쳐지면 어떻게 할 것인가?

여름이 낸 숙제를 위해

날아가는 곤충 뒤를 쫓아가고, 손톱에 봉숭아 꽃물 들이던

지나간 날이 다시 오면 무슨 노래 부를 건가?

목덜미에 닿는 눈송이처럼 차갑기만 한 겨울을 위해, 겨울이 내미는 싸늘한 숙제를 위해

얼어붙은 손가락을 장갑 속에 밀어 넣고

증기기관차처럼 입김 뿜는 행인과 행인 사이를 신발 끈 졸라맨 채 걷고 또 걷다가

외등 켜진 골목길이 나타나면 어디로 갈 것인가?

누구를 찾아 눈 내리는 언덕길을 올라갈 것인가?

골목길 들어서면 작은 글씨로 '바이올린 교습소'라는 표지판을 내건 집 한 채가 서 있고

그 집 지나 골목 끝엔 지금은 이 세상 사람 아닌 친구네 단층집이 나오고

유화 냄새 배어 있는 작은 방엔 물감을 씻어낸 붓들이 거꾸로 꽂힌 채 마르기를 기다리고

두어 권, 까뮈나 사르트르의 책이 꽂혀 있던

책장엔 책보다 많이 쌓인 고뇌와 먼지, 불투명한 앞날과 궁핍한 청춘의 이유 없는 적개심

원망이나 원한 같은 감정은 고향의 햇빛 속에 탈색되었다고 말하며 까뮈는

글 한 줄 읽지 못했지만 그 어떤 것을 향해서도 적개심 품지 않던 식구들과

쏟아지는 햇빛이 자기를 키웠다고 고백하는데

다시 한번 생이 내 앞에 끝없는 초원 같은 연둣빛 세상을 펼쳐놓으면

어떻게 할 것인가 나는?

비 오는 날이 1년에 며칠도 안 된다는 몽골의 초원으

로 별 보러 갔던 날

　창공의 별을 세어야 할 그날 밤, 며칠도 되지 않는다는 비가 내리고

　게르의 지붕 위로 떨어지는 빗소리 들으며 저 소리는 별이 눈물 흘리는 소리라고

　눈물 뒤에 별이 새 아침을 맞이하기 위해 준비하는 거라고

　비 그친 초원은 눈부신 듯 깨어나고

　파랗게 살아난 풀 위로 프로펠러 돌아가듯 커다란 소리 내며 날아오른 메뚜기떼

　그날 밤 별은 보지 못했지만 별 사이로 겨우 하늘을 볼 수 있다는

　티베트 고원의 별을 보기 위해 혼자 내렸던

　버스는 가버리고, 눈 내리는 고원에선 젖은 머리카락이 다시 젖는데

　사랑하는 이가 내어준 숙제를 다 하기 위해 만년설 덮인 산 아래서

　금방 피고 금방 지는 양귀비 한 송이를 꺾어 들며

　절망 없인 사랑도 없다고 또 한 번 생이 숨겨뒀던 속옷

을 펼쳐 보이면

어떻게 할 것인가 그대는? 퍼붓는 저 눈 속을 어떻게 갈 것인가?

벼랑의 노래

이쯤에서 이제 그만 저는 가려고 합니다.
전화 속에서 그가 말했다. 목소리는 떨렸지만 비장했다.
가겠다는 사람을 붙잡아야 하나? 아니면 너 좋은 대로 하라며 놓아두어야 하나?

응급실의 의사는 내게
지금 당장 입원하셔야 합니다. 이대로 두면 돌아가십니다. 라고 말했다.
그건 선택을 종용하는 일종의 명령과 같았다.
그 자리의 모든 눈길이 내 입을 향했다.
뭘 망설일 게 있나.
그러나 나는 망설였다. 가망도 없는 병에 매달려 지금까지 죽도록 고생했는데 이대로 가시도록 두는 게 노모에게도, 그리고 가족들에게도 더 편한 선택이 아닐까?

나 스스로도 연명 치료를 하지 않겠다고 서약서에 서명까지 했지만 그러나 이건 나의 서약과는 무관한, 물리적으로는 타인인 어머니의 생사가 걸린 문제였다.

의사의 소견 따라 입원을 하고, 얼마 지나지 않자 어머니는 거짓말처럼 깨어났다.

그만 가겠다는 그에게 나는 그때의 기억을 담담하게 떠올려 설득했다.

그때, 아무리 어머니라 해도 생사의 결정을 내가 할 권리는 없다는 생각이 들었어. 물론 그 뒤에도 한참 더 고생을 하다가 가셨으니 차라리 그때 돌아가셨으면 더 편하긴 했을지 모르지만.

타인뿐 아니라 나 자신의 생사 역시 그것을 결정할 권리가 내게 있는 건 아니야. 최선을 다해 살아야 할 의무가 우리에겐 있으니까. 그 의무는 삶에 대한 우리의 권리이기도 하지.

그러니 그것이 비록 벼랑이라 해도 그 벼랑에서 뛰어내려선 안 돼. 벼랑과 마주칠 때 우리가 해야 할 유일한 길은 돌아서서 나오는 것이야.

울컥

짧은 길이는 아니지만 아이를 나는
미니라고 불렀다.
그럼 롱도 있나요?
미니라고 부르자 누가 물었다.
그러고 보니 집안에 롱은 없다.
미니는 유아 때부터 살던 집을 떠나
제 남편 따라 분당으로 갔다.
봄눈 펄펄 날리던 날
신혼 집 향해 집 떠나는 아이가 울자
덩달아 울컥했다.
미니가 그립다.

늦어도 9시면 도착하던 곳을 오늘은 10시 다 되어서야 왔다. 새벽 일찍 깼다가 다시 잠들었기 때문이나.

삶의 리듬을 잃지 않기 위해 9시면 출근해서 저녁 8시면 퇴근하는 생활을 계속한다. 때로는 오전 7시 전에 도착해서 밤 9시 넘어서 퇴근하기도 한다. 일이 많아서가 아니다. 일이라야 글 쓰고, 그림 그리는 것이 전부다.

한동안 6시 반쯤 도착하던 날이 계속되기도 했다. 6시면 나가야 하는 딸아이를 지하철 종점까지 태워다줘야 했기 때문이다. 아이를 내려주고 바로 파주의 작업실로 오면 대략 그 시간이었다. 늘 늦게 잠드는 탓에 일어나기 힘들지만 깜깜한 겨울 새벽에 여자아이 혼자 나가도록 내버려둘 순 없었다.

그때 미니는 새로운 직장을 구해 신입사원 연수받듯 정확한 시간에 나가고 정확한 시간에 돌아오곤 했다.

집에서 지하철 종점이 있는 대화역까진 거리가 좀 있었지만 힘들여 거기까지 가는 것은 앉아서 가기 위해서였다. 대화에서 강남역까지는 먼 거리다. 자리가 없어 그 거리를 서서 간다는 것은 매일 가는 입장에선 쉽지 않은 일이다. 그까짓 것, 할 수도 있지만 일직선으로 가면 별것 아닌 그 길도 출퇴근 시간엔 말 그대로 지옥철이다. 마음 같아선 승용차로 태워주고 싶지만 그 시간엔 지하철보다 승용차가 시간이 더 걸린다. 지하철은 경유하는 역이 많아 돌아서 가느라 오래 걸리고, 승용차는 길이 막혀 아예 서 있을 때가 많은 것이다.

 그러나 종점까지 미니를 태워다주는 그 시간이 내 인생에선 행복했던 시간 중 하나였다. 평소 대화할 짬도 없던 아이와 짧은 이야기나마 주고받을 수 있었기 때문이다. 초등학교도 들어가기 전 어린 시절, 나는 아이와 하루에 마흔네 번씩 뺨에 뽀뽀를 하자고 약속했다. 마흔네 번을 늘 채운 것은 아니지만 내가 뽀뽀를 하는 동안 미니는 큰 소리로 숫자를 세다가 그만하겠다며 짜증을 내기도 했다. 이건 순전히 내 생각이지만, 숫자 공부를 그렇게 한 것이다. 유난히 숫자에 민감해 수학을 잘했던 아이였다. 등록금 한 번 안 낸 장학생으로 이공계 쪽 대학을 다녔던 것도 그때 그 숫자놀이 덕이 아닐까 하는 것 역시 내 생각일 뿐이다.

 눈치 빠른 분들은 알아차렸겠지만, 마흔네 번이라는 숫자는 생텍쥐페리의 《어린왕자》에 나오는 숫자다. '어떤 날은 해가 지는 걸 마흔네 번이나 본 적이 있었다'며 슬플 땐 해 지는 것을 본다고 하던 어린왕자 생각이 나서 마흔네 번이라는 횟수를 정한 것이다. 잠들 때마다 불러주던 자장가를 어쩌다 빠트리면 '우우우우' 왜 안 불러주냐며 동그랗게 큰 눈 뜨던 미니가 생각난다. '우우우우'는 '잘 자라 우리 아가 앞뜰과 뒷동산에 새들도 아가 양도 다들 자는데'라고 시작되는 모차르트의 자장가 중 피아노 간주가 나오는 부분을 내가 허밍으로 대신한 것이다.

작업실이 있는 파주의 겨울은 유난히 길고 춥다. 아직 추위가 채 가시지도 않은 2월 어느 날, 종점까지 태워다주는 나의 임무는 드디어 그 끝을 맞이했다. 직장 다니랴 결혼 준비하랴 바쁘던 아이가 그날, 자동차에서 내리면서 내게 말했다. '그동안 고마웠어요 아빠. 태워주는 것도 오늘이 마지막이네.'

그렇게 끝나버린 임무가 나 혼자 서운한 건 아니었던 모양이다. 멀리 가는 사람의 작별 인사처럼 한마디 하던 미니의 목소리도 물기가 느껴졌다. 종종거리며 사람들이 지하철을 향해 가고, 동트는 하늘 따라 또 아침이 오고 있다. 모두가 저렇게 매일 치열한 아침을 맞이하며 사는구나. 나 또한 저렇게 바쁘고 치열하게 살던 때가 있었다.

  계단을 내려가는 딸아이 뒷모습을 바라보다 자동차의 시동을 다시 건다. '너도 그동안 수고했다.' 말 못 하는 기계지만 영하의 기온 속에 밤새 언 몸으로 있다가 시동만 걸면 '네, 주인님!' 하고 움직이는 자동차가 고맙고 대견하다. 고맙다 세상이여, 이제 곧 결혼식이니 태워다주는 임무뿐 아니라 보호자로서의 임무도 오늘이 마지막이다.

비어 있는 방

큰아이 방을 기웃거리다가
작은아이 방도 기웃거린다.
너희들과 함께 있던 때가 행복했구나.
행복은 과거도 미래도 아닌
지금 일어나는 마음의 사건.
지나간 뒤에야 깨닫는다.

그냥

 목적지에 도착했지만 자동차 속에 그냥 앉아 있을 때가 있다. 때로는 집 근처를 한 바퀴 돌기도 한다. 음악 때문이다. FM에서 나오는 음악이 끝나지 않았기 때문에 그런 것이다. 기름값이 오른 요즘엔 유류비가 무서워 주차장에 차를 댄 채 앉아 있다.

 시인 셸리는 '음악은 부드러운 음성 사라질 때 추억 속에 진동한다'는 시구를 남겼다. 철학자 쇼펜하우어는 '모든 예술은 음악의 상태를 동경한다'고 했다. 애틋한 멜로디를 따라가다 눈시울이 젖기도 한다. 연주를 해본 사람이라면 아는 일이지만 소리가 잘 울리기 위해선 적당히 비어 있는 공간이 필요하다. 뭔가로 꽉 찬 공간은 울림의 폭이 좁다. 공간만이 그런 건 아니다. 사람 역시 마찬가지다. 고민이 많거나 욕망으로 꽉 찬 마음엔 음악이 울릴 공간이 없다.

지중해의 성자로 불리는 다스칼로스는 '공간은 육체에게만 존재한다'고 했다. 맞는 말이다. 그것은 영혼이나 의식에 대한 이야기이다. 몸은 지금 이 자리에 있지만 생각은 얼마든지 다른 공간으로 이동할 수 있다. 육체를 벗어난 영혼은 시공간을 초월한다. 3차원 세계에 살고 있는 인간의 육체는 제한된 공간에 묶여 있지만 음악을 통해 의식은 공간을 초월한 상태로 나아갈 수 있다. 비좁은 자동차 속에 있는 나를 음악은 과거나 미래, 미지의 대륙이나 먼 우주 공간으로 이끌어 간다. 지상의 꽃 한 송인들 어찌 우주 전체의 움직임과 무관할 수 있으랴. 음악 또한 우주의 리듬과 무관하지 않다. 런던의 노숙자이며 아편 중독자였던 시인 프랜시스 톰슨Francis Thompson은 '만물은 모두 신성한 힘에 의해 연결되어 있다'라고 했다. '꽃 한 송이를 흔들지 않고서 별 하나를 흔들 수 없다'고 노래한 그의 시는 가톨릭 신앙에 뿌리내린 영적 통찰을 담고 있지만 노숙자이며 아편 중독이라는 자신의 현실에 비추어보면 그런 그의 통찰은 모순이 아닐 수 없다.

우주의 리듬을 생각하며 어떤 날은 떠오르는 멜로디

를 따라 흥얼거리다가 집을 지나치기도 한다. 음악이 품고 있는 향수鄕愁에 잠기거나 우수에 젖어 길을 놓치기도 한다. 음표와 쉼표로 구성된 음악이지만 오선지에 표기된 악상기호엔 작곡가의 간절한 마음이 담겨 있다. 콩나물 대가리라고 불리는 그것들은 악보에 실려 각각의 연주가들에 의해 해석되고 표현된다. 음악에 빠진다는 말은 그 음악을 만든 작곡가의 영혼과 공감한다는 말이다. 또한 그 곡을 연주하는 연주가의 표현력에 마음이 열린다는 말이다.

실험적인 음악을 만들었던 작곡가 존 케이지는 자신의 전위적인 스타일과 달리 '음악은 마음에 평화를 주기 위해 존재한다'고 했다. 음악을 듣고 갈등에 빠지거나 화를 내는 경우는 없다. 음악은 마음과 감정을 열어놓는 통로와 같다. 그 통로를 통해 누군가를 만나고, 그 통로를 통해 어둡던 마음이 환하게 바뀌기도 한다. 수많은 애호가들의 사랑을 받는 비발디의 사계를 들으며 우리는 겨울에 앉아 봄을 느끼기도 하고, 가을에 앉아 여름을 회상하기도 한다. 음악은 그렇게 우리를 이 계절에서 저 계절로 옮겨놓는다.

사계라는 제목을 가진 음악은 비발디뿐이 아니다. 음울한 아르헨티나의 겨울을 묘사한 피아졸라의 부에노스아이레스의 사계, 피아노를 위한 모음곡인 차이콥스키의 사계, 그리고 글라주노프의 무용음악 사계를 통해서도 우리는 봄, 여름, 가을, 겨울로 바뀌는 계절의 변화와 마음의 움직임을 느낄 수 있다. 지금도 어디선가 황량한 벌판을 걸어가는 행인의 발을 묶어놓으며 눈보라가 퍼붓고 있는지 모를 일이다.

'지방의 경계에 있는 긴 터널을 빠져 나가자 설국이었다.'

눈보라 치는 날이면 떠오르는 구절이다. 일본의 소설가 가와바타 야스나리에게 노벨문학상을 안겨준 소설 《설국》은 그렇게 시작한다. 그러고 보니 눈과 음악 또한 서로 뗄 수 없는 관계다. 눈 오는 날 듣는 '닥터 지바고'의 오리지널 사운드 트랙은 시간을 초월해 향수를 자아낸다. 발목이 푹푹 빠지는 눈길에선 백석의 시 '나와 나타샤와 흰 당나귀' 또한 빠트릴 수 없다. '나타샤와 나는/ 눈이 푹푹 쌓이는 밤 흰 당나귀 타고/ 산골로 가자. 출출이 우는 깊은 산골로 가 마가리에 살자.'

여기서 '출출이'는 뱁새를 뜻하는 북쪽 말이다. 그러고 보니 이 시를 소재로 몇 점의 그림을 그렸던 적이 있다. 그러나 퍼붓는 눈길 위로 나타샤와 당나귀가 등장했던 그 그림들은 지금 내게 없다. 백석의 시에 끌린 건지 아니면 그림에 끌린 것인지, 탐내는 사람이 많아 사진밖에 남지 않았다.

시에서 백석이 말한 마가리에 살아보지는 못했지만 그렇게 눈이 푹푹 쌓이는 밤엔 나타샤라는 이름의 이국적인 여인이 아니라도 음악을 친구 삼아 마가리에 살고 싶다.

외로운 사람에게 음악은 애인이며 친구다. 아련하게 살아나는 추억의 핸들에 손을 얹고 음악을 듣다 보면 체인도 없이 엉금엉금 기어가던 자동차는 목적지에 다다른다. 주차장에 차를 댄 채 전원을 켜놓은 건 한 곡의 노래가 아직 끝나지 않았기 때문이다.

'그냥 얼마나 당신을 걱정하는지 말하려고 전화한 거예요. 그냥 당신을 사랑한다고 말하려고 전화한 거예요.'

예민한 청각을 가진 맹인 소년은 어디 숨어 있는지 알 수 없는 쥐를 찾아보라는 선생님 지시에 교실 한 구석에 숨어 있던 쥐를 찾아낸다. 앞이 보이지 않아 외로운 나날을 보내던 그 소년이 바로 흑인 뮤지션 스티비 원더다. 그가 부르는 'I just called to say I love you'. 그냥 사랑한다는 말을 하려고 전화했을 뿐이라는, 오늘 나를 자동차 속에 앉혀 둔 노래는 이 곡이다. 그 한 곡을 듣기 위해 식어가는 자동차 속에 앉아 있었던 것이다. 그뿐이다. 어쩌면 나도 단지 그냥이라는 그 한마디를 하기 위해 여기까지 온 것인지 모르겠다. 남은 시간이 많지 않다.

* 마가리: 오막살이를 뜻하는 평안도 방언.

꽃의 배경

사람들이 그립다.

'사람'이라는 단수가 아니라 '사람들'이라는 복수에 주목하라.

단수는 간절하지만 복수엔 멀리 있듯 그리움이 있다. 단수는 너 없으면 못 살 것 같지만 복수는 너 하나에만 매달리지 않는다. 세월이 가면 간절함은 식어가지만 그리움은 세월 가도 여전히 그 자리에 남아 있다. 간절함이 꽃이라면 그리움은 잎이다. 꽃은 모두의 눈길을 사로잡지만 잎은 꽃에 가려 잘 보이지 않아도 꽃보다 오래간다.

꽃은 지고, 잎이 좋은 계절이다. 꽃 같은 사람이 되는 것도 좋지만 잎처럼 오래가는 사람이 편하다. 나이가 들면 반짝이며 눈길을 사로잡는 사람보다 은근해서 오래가는 사람이 좋다. 세상엔 두 부류의 사람이 있다. 요령 껏 사는 사람과 진실하게 사는 사람이 그 둘이다. 둘 가운데 어느 쪽이 더 좋은지는 각자의 취향이지만 요령껏 사는 사람은 친할 때만 편리하고, 진실하게 사는 사람은 느리지만 신뢰할 수 있어 좋다. 이익이 걸린 일을 함께 하면 요령껏 사는 이는 자신의 이익을 위해 사람을 요령껏 대할 것이니 그 점에 유의해야 한다.

진실한 사람을 찾기가 어려운 세상이다. 사람이 그립다는 말을 바꾸어 말하면 진실한 사람이 그립다는 것이다. 그러나 진실이 핍박받는 세상에서 진실하게 살라고 강요할 수만은 없다. 진실은 오래가야 그 모습을 드러내지만 인구 많은 세상에선 사람마다 각자의 진실이 다르다. 같은 자리에서 같은 말을 들어도 사람들은 저마다 다른 소리를 한다. 각자의 머릿속에 들어 있는 번역기가 다르기 때문이다. A의 말을 어떤 이는 B라고 알아듣고, 어떤 이는 C라고 알아듣는 것이다.

'새와 책이 다른 말을 한다면 새의 말을 믿어라'고 했던 여행가 이븐 바투타Ibn Battuta의 발언 역시 그 비슷한 의

미일 것이다. 모로코 출신의 이슬람 법학자로 위대한 여행가라 불리는 이븐 바투타는 메카를 향한 순례를 시작으로 30년 동안 방대한 지역을 탐사한 뒤 여행기를 남긴다. 그의 저술이 그러하듯 저자의 의식과 세계관이 담긴 책이 하나의 우주라면 새 또한 자연의 조화와 질서가 담긴 작은 우주일 것이다. 새의 말을 믿으라고 한 걸 보면 이븐 바투타는 책이라는 우주보다 새라는 우주를 더 신뢰한 모양이다. 그런데 우리가 경험하는 우주는 몇 개나 될까? 우주를 세 가지로 나누어 각각의 우주마다 통용되는 공식이 다르다는 사실을 알아보는 일은 흥미롭다.

첫 번째가 '나의 우주', 그리고 두 번째는 내가 아닌 타인들을 가리키는 '타인의 우주', 마지막으로 나와 당신을 둘러싸고 있는 '물질 우주'가 그 세 가지다. 나의 우주에서 통용되는 삶의 공식을 타인의 우주에 적용하려다가 일어나는 다툼이 바로 인간관계의 갈등이다. 나의 우주와 타인의 우주가 서로 충돌하는 것이다. 우주 간의 갈등은 서로 생각이 다르기 때문에 일어난다. 우주가 다르니 적용되는 법칙도 서로 다르다는 사실을 간과한 것이다. 나와 당신의 우주에선 통하던 법칙도 또 다른 우주인 물질 우주와 만나면 통하지 않는 경우가 많다. 내 뜻대로 물질이 움직여주지 않는 것이다. 그 대표적인 경우로 돈 버는 일을 들 수 있다. 수많은 사람들이 돈 때문에 고민하지만, 뜻대로 돈을 움직일 수 있는 사람은 제한적이다. 물질 우주를 움직이는 법칙을 모르기 때문이다.

그러나 인생엔 공식이나 법칙만으로 설명 안 되는 것들도 많다. 인간의 머리나 과학으로 해결되지 않는 것들이 있다는 말이다. 우주마다 그 우주를 움직이는 법칙이 각각 다르니 세상은 늘 갈등이고 분쟁이다. 새와 책이 다른 말을 할 때 사람들은 새의 말만 믿거나, 새소리를 외면한 채 책의 말만 믿는다. 한쪽 말만 듣고 또 다른 한쪽 말은 외면하는 것이다. 나 또한 다르지 않다. 눈길 끄는 꽃에 홀려 그 배경에 존재하는 잎은 아예 까먹고 살아왔다.

잎이 아름다운 계절이다. 모든 것의 배경에 있는 그늘 같은 풍경들이 눈에 밟힌다. 진실은 중심이 아니라 배경에 있을 때가 많다. 한동안 청소를 하지 않아 먼지 쌓인 바닥에 물감이 묻어 있다. 저 물감이 언제 묻었는지 기억이 없다. 중심에만 꽂혀 있어 배경에 무슨 일이 일어나는지도 모르고 살아온 것이다. 명상을 하다 보면 내가 '나'라고 믿고 있는 그 중심의 배경에 따로 존재하는 누군가가 있다는 사실을 알아차릴 때가 있다. 내 안에 또 다른 내가 있다는 사실을 깨닫는 것이다. 중심만을 진실이라고 믿고 있던 아집과 독선이 깨어져 나가는 순간이다.

꽃 떨어진 뒤 비로소 잎의 아름다움을 깨닫듯 더 큰 존재가 내 안에 있다는 사실을 알아차리는 순간 단수인 줄 알았던 '내'가 수많은 존재들과 연결된 복수라는 사실을 덩달아 알아차리게 된다. 꽃은 지고, 멀리 있는 사람들이 그리운 계절이다. 언제나 배경이 되어주던 그들의 존재가 고맙고 또 그립다.

* 세 가지 우주에 대한 개념은 미국의 심리학자 '해리 팔머'로부터 차용.

끝과 시작

 육체의 죽음 뒤에 우리는 어디로 가게 되는 것일까? 몸의 소멸과 함께 모든 것은 따라서 소멸되는 것일까?
 죽음이 모든 것의 끝이라면 몸의 요구에 따라 우리는 먹고, 마시고, 놀며 쾌락에 빠지기 쉬울 것이다. 모든 것이 끝나는 마당에 그 또한 나무랄 수만은 없는 선택이기도 하다. 돈이 모이면 행복해야지, 지위가 올라가면 행복해야지, 이런저런 조건이 충족되면 행복해야지, 라며 행복을 유보하기보다 가진 것을 소비하며 몸이 원하는 것을 즉각적으로 채워주길 바라는 욕망을 꼭 나쁘다고 할 수만은 없는 것이다. 그러나 그런 선택은 대체로 일시적인 충족일 때가 많다.
 대책 없는 소비가 주는 쾌락이 어떤 결과를 낳는지 우린 경험을 통해 알고 있다. 잔고 없이 빼먹는 현금 같아 그것은 반드시 대가가 따르게 된다. 그러나 정말 육체의 종말과 함께 모든 것이 끝나는 것이라면, 그렇게 소비에 탐닉하며 내버리듯 인생을 살아간들 어쩌겠는가. 모든 것이 끝나는 마당에 아낄 것이 뭐 있으며 지켜야 할 것 또한 뭐가 있겠는가. 그러나 몸의 소멸이 모든 것의 끝이 아닐지도 모른다고 생각하는 사람들은 그렇게 살 수가 없다. 이미 당겨서 쓴 현금이 미래에 얼마나 큰 빚으로 돌아올지 알고 있기 때문이다.

 죽음에 대한 인식을 단숨에 뒤집어놓는 사람들도 없지는 않다. 죽음을 희롱한 그들은 앉은 채 죽음을 맞이하거나 서서 임종하며 육체의 소멸이 모든 것의 끝이 아니라는 사실을 자신의 몸을 통해 입증한다. 불가佛家에서 좌탈입망坐脫立亡이라고 부르는 그런 임종은 드물지만 최근 한국의 사찰에서도 그 사례를 찾을 수가 있는데, 종교적 신념과 상관없이 참으로 신기하고 흥미로운 일이 아닐 수 없다. 내친김에 거기에 대한 일화를 찾아보면, 당나라 때 살았던 등은봉鄧隱峰이라는 선사는 좌탈입망도 시시했는지 제자들에게 물구나무서기를 한 채 임종한 사람이 있었느냐고 물어본 뒤 없다는 사실을 확인하자 그 자리에서 물구나무서기를 한 채 임종했다고 한다. 죽음과 육체의 한계를 희롱한 대표적인 사례이지만 아마도 선사는 육체의 소멸이 모든 것의 종말이 아니라는 사실을 깨우치게 하기 위해 그런 행동을 했을 것이다.

죽었다가 돌아온 사람이 없으니 증거를 들이밀 순 없는 일이지만, 몸이 죽고 난 뒤 영혼이 어딘가로 이동하는 듯한 징후는 여기저기서 발견된다. 가까운 이가 세상 떠난 뒤 주변에서 일어났던 사소하지만 한편으론 불가사의한 일들을 떠올려보라. 우리가 살고 있는 물질계物質界와 영계靈界를 연결하는 영매靈媒라고 부르는 이들은 물론이지만, 가족의 죽음이나 가까운 이의 사망 이후 잠깐 영적인 세계와 접속된 경험을 가진 사람은 찾아보면 적지 않다.

마음이 완전히 닫혀 있지만 않다면 우리는 일상 속에서 우리가 신비라고 믿는 영적인 경험과 밀접하게 연결되어 있는 것이다. 어쩌면 지금보다 통신이 더 발달하고, 과학이 영성적인 쪽으로 깊이 발전하면 사후세계와 실제로 접속이 가능한 날이 올지도 모른다. 엉뚱한 상상 같지만, 그곳에도 무형의 기지국이 건설되고, 거기서도 내

전화기로 문자가 오는 날이 생길지도 모른다는 상상을 나는 늘 하며 산다.

몸으로부터 빠져나간 영혼은 시공을 초월하고, 중력의 법칙도 초월해 지상의 방식이 아닌 다른 수단과 방법을 통해 우리에게 메시지를 보내온다. 그것은 꿈일 수도 있고, 영감이나 예지력 같은 것일 수도 있다. 우리가 알아듣지 못할 뿐 지상을 떠난 영혼은 함께 살았던 우리에게 우리가 알지 못하는 뭔가를 전달하려 하는 것이다.

프랑스 출신의 철학자이며 생물리학자인 피에르 르콩트 뒤 노위Pierre Lecomte du Nouy는 죽음을 '자연의 가장 위대한 발명'이라고 했다. 죽음이란 '삶의 부정이 아니라 진화의 한 과정'이라는 것이다. 그의 말대로 죽음이 진화의 과정이며 그것을 통해 새로운 차원의 생이 열리는 것이라면 그것은 우리가 흔히 '끝'이라고 부르는 소멸이 아니라 새로운 출발을 뜻하는 '시작'이라 부르는 것이 옳을 것 같다. 과학자의 그런 이야기는 죽음 앞에서 전전긍긍하는 평범한 우리를 위로한다. 물구나무서기는커녕 누워서 죽더라도 그 모든 것을 담담히 받아들이며 고요히 갈 수만 있다면 좋겠다.

이별을 향해

이별할 시간이 가까워지고 있다는 것을 알고 있다.
어떤 이별은 화려한 불꽃처럼 작렬하지만
어떤 이별은 꺼지는 모닥불처럼 사그라든다.
이별이란 원래 무정하지만
어떤 이별은 손가락 사이로
빠져나가는 모래처럼 흘러내린다.

풍금

 쓸쓸한 날이 오면 어떻게 하는가? 누군가는 진하게 커피를 내리고, 또 다른 누군가는 피아노에 손 얹고 건반에게 말을 건다. 수다를 떨어도 풀리지 않는 허전함에 자동차의 시동을 걸고 무작정 국도를 달려야 할지도 모를 일이다.

 기다릴 것이 있다는 것은 좋은 일이지만, 오지 않는 고도를 기다리는 블라디미르와 에스트라공처럼 인생은 우리에게 무의미한 반복과 좌절의 시간표를 내밀 때가 많다. 1막과 2막이 끝나도록 나타나지 않는 고도처럼 우리가 기다리는 그 어떤 것 역시 끝내 나타나지 않고 한 생이 끝날지도 모른다.

 어떤 이의 인생은 번개처럼 사라지고, 또 어떤 이의 인생은 질기게 오래간다. 누가 더 불행한 것인지, 아니면 누가 더 행복한 것인지는 알 수가 없다. 행복이 무엇인지 사람마다 정의가 다르겠지만, 인간은 모두 행복은 끌어당기고 불행은 밀어내려 한다. 불행을 좋아할 사람이 어디 있겠는가?

추위 또한 마찬가지다. 모든 것 다 얼어붙는 추위를 좋아할 사람이 어디 있겠는가. 따뜻함은 끌어당기고 차가운 것은 밀어내는 것이 인간이다. 집 비우고 돌아다니느라 미리미리 대비하고 주의해야 할 일을 빠트렸다. 바깥에 있는 수도가 동파된 것 같다며 택배기사로부터 전화가 온 것이다. 배달할 물건 던져놓고 가면 그뿐인 택배기사가 동파를 염려해 전화까지 주다니 그 마음이 따뜻해 나는 전화기 든 채 연신 머리를 조아린다.

작업실에서 10분 거리, 통일 전망대 앞을 흐르는 임진강도 꽁꽁 얼어붙었다.

코앞이 북한이니 거기나 여기나 동토의 왕국이긴 마찬가지다. 한강도, 임진강도 얼어붙고, 자동차 움직여 철원 쪽으로 가면 한탄강도 굽이굽이 얼어붙었다. 강추위 속에서도 얼지 않은 건 석양뿐이다. 석양은 여전히 붉게 물들고, 황혼을 보기 위해 나는 지금 강가로 가고 있다. 추워 죽겠는데 무슨 미친 짓이냐며 냉소할지 몰라도 겨울 강의 낙조는 어떤 계절에도 보지 못할 처연한 아름다움으로 나를 매혹시킨다.

황혼이면 붓끝에 묻은 물감을 닦아내고, 새벽이면 언젠가 찾아올 죽음을 떠올린다. 죽음에 대한 연구가 아니라 죽음에 대한 명상이다. 명상은 뭔가를 깊이 생각하는 사색과 달리 매 순간 나 자신을 알아차리며 깨어 있는 일이다. 그것은 마치 캔버스에 물감을 칠하는 것과도 같아 때로는 온전한 몰입의 순간을 가져온다. 그리거나 칠하는 행위가 기쁨을 주는 이유는 아마 그 때문일 것이다. 그린다는 행위는 아무래도 명상과 닮아 있다.

연천까지 차를 달려 그 동네에서 이름난 카페를 찾아간 날, 황량한 벌판에 내버려진 풍금을 발견한 적이 있다. 누가 왜 거기에 풍금을 버렸는지 알 수 없지만 지는 노을을 배경으로 풍금은 낡고 부서진 몸체와, 눌러도 소리 나지 않을 건반을 드러낸 채 거기 있었다. 뜻밖의 사물이다. 저 자리에 풍금이 놓여 있다니? 자동차를 세운 나는 곧장 그쪽으로 걸어가 한때는 악기였을 그것의 페달을 밟았다.

다시 노래라도 할 듯 밟은 만큼 내려가던 페달은 그러

나 이미 소리를 상실한 상태였다. 한때 윤기 났을 건반은 삐거덕거리는 비명조차 내지 못하고, 충치 먹은 이빨처럼 황혼 속에 방치되어 있을 뿐이다. 건반을 누르던 사람들은 다 어디로 갔을까? 노래하던 시간들은 또 어디로 갔을까?

한때 사랑을 준 사람들 다 사라지고 홀로 팽개쳐진 풍금의 생이 눈물겹다. 사랑을 준 모든 것엔 생명의 기운이 깃든다. 생명이 곧 사랑인 것이다. 그러나 닫아야 할 뚜껑마저 사라진 풍금은 이제 눈비 맞고 드센 바람에 뜯어진 채 홀로 놓여 있다. 파주에서 연천까지 달리다가 노을을 보고, 저녁은 임진강의 매운탕 시켜 배 채우고, 밤이면 시골 마을 빈집들엔 어떤 영혼이 깃들게 될까? 빈집도, 풍금도 사랑을 잃었다. 사랑을 잃은 것들은 다 얼어붙었다.

---

* 《고도를 기다리며 Waiting for Godot》는 노벨문학상을 수상한 아일랜드 출신의 극작가 사뮈엘 베케트의 대표작이며 부조리 문학의 정수로 손꼽힌다.

책 끝에 드리는 글

 행신역을 떠난 열차는 남쪽으로 내려가고 있다.

 열차를 타기 전 작업실 의자에 앉아 나는 고통에 대해 생각했다. 우리는 왜 고통으로부터 온전히 벗어나지 못한 채 살아야 하는가?

 니체는 '살아가는 것은 고통이며 살아남는 것은 고통의 의미를 찾는 것'이라고 철학자다운 말을 남겼다. 그러나 살아남는 것이 단지 고통의 의미를 찾기 위한 것이라면 삶이란 너무나 척박하고 난해하다.

 남은 생, 난해하게 살고 싶지 않다. 더 이상 고통에 의미를 붙이며 삶을 소비하고 싶지도 않다. 자유롭게 살고 싶다. 걱정 없이 살고 싶다. 돌이켜보면, 원하던 것 제대로 이루어진 것 하나 없지만 내키는 대로 살았으니 아쉬울 것도 없다.

 열차는 이제 대전 지나 김천이 가까워지고 있다. 대구

가 다가오고, 머지않아 종착역인 부산이 다가올 것이다. 내 인생 역시 김천을 지나가고, 대구 지나 마침내 종착역인 부산에 다다를 것이다. 바다가 종착역이라니 그것만으로도 인생은 충분히 위로받을 만하다. 내려가는 모든 이들의 종착지엔 결국 바다가 있을 것이니 모든 이들의 생 또한 위로받을 만하다.

고통이 무엇인지 모르는 사람은 없다. 그러나 고통의 구조를 파악하고 이해하는 사람은 생각보다 많지 않다. 고통의 구조는 물리적인 아픔 그것과 그것에 대한 나의 심리적 저항으로 이루어져 있다. 정신질환자 외에 고통을 욕망하고 즐길 이는 없다. 불가항력적으로 주어지는 물리적 충격을 어찌하겠는가. 우리가 할 수 있는 것은 단지 그 물리적 충격에 대한 나의 심리적 저항을 줄이는 일밖엔 없다. 저항의 크기를 줄이는 일 그것이 이른바

'마음공부'다.

  대부분의 인간은 자기가 가진 생각, 그리고 자신의 몸을 '나'라고 믿으며 그것에 사로잡혀 한 생을 산다. 나 또한 마찬가지였다. 욕망을 희망이라 여기고, 실패를 상실이라 여기며 전전긍긍했다. 돌아보면 꿈을 꾼 것 같을 때가 있다. 진부한 표현이지만 인생을 일장춘몽, 한바탕 봄꿈이라 하지 않는가. 황혼에 서서 돌아보니 그 말이 맞는다. 그때부터 지금까지 살다가 가고, 갔다가 다시 온 역사 속의 옛 말씀이 다 옳은 것이다.

  이 책을 펴낸 뒤 다시 노트북을 두드리며 더 쓸 수 있는 것이 있었으면 좋겠다. 남아 있는 그것들이 세상에 한 조각 위로가 될 수 있었으면 좋겠다. 열차는 달리고, 달리는 궤도 위에 남아 있는 시간이 많지 않다.

다시는 만날 수 없는 아침도 있단다

1판 1쇄 인쇄	2025년 12월 9일
1판 1쇄 발행	2025년 12월 18일

지은이	김재진
발행처	(주)수오서재
발행인	황은희 장건태
책임편집	황은희
편집	최민화 마선영 박세연
마케팅	황혜란 안혜인
디자인	권미리
제작	제이오
주소	경기도 파주시 돌곶이길 170-2 (10883)
등록	2018년 10월 4일(제406-2018-000114호)
전화	031 955 9790
팩스	031 946 9796
전자우편	info@suobooks.com
홈페이지	www.suobooks.com
ISBN	979-11-93238-83-7 (03810) 책값은 뒤표지에 있습니다.

ⓒ김재진, 2025

이 책은 저작권법에 따라 보호받는 저작물이므로 무단전재와 복제를 금합니다.
이 책 내용의 전부 또는 일부를 사용하려면 반드시 저작권자와 수오서재에게
서면동의를 받아야 합니다.